Renata Pallottini

Cumprimenta e Pede Passagem

Renata Pallotini

Cumprimenta e Pede Passagem

Rita Ribeiro Guimarães

imprensaoficial

São Paulo

GOVERNO DO ESTADO DE SÃO PAULO

Governador Alberto Goldman

imprensaoficial **Imprensa Oficial do Estado de São Paulo**

Diretor-presidente Hubert Alquéres

Coleção Aplauso

Coordenador Geral Rubens Ewald Filho

No Passado Está a História do Futuro

A Imprensa Oficial muito tem contribuído com a sociedade no papel que lhe cabe: a democratização de conhecimento por meio da leitura.

A Coleção Aplauso, lançada em 2004, é um exemplo bem-sucedido desse intento. Os temas nela abordados, como biografias de atores, diretores e dramaturgos, são garantia de que um fragmento da memória cultural do país será preservado. Por meio de conversas informais com jornalistas, a história dos artistas é transcrita em primeira pessoa, o que confere grande fluidez ao texto, conquistando mais e mais leitores.

Assim, muitas dessas figuras que tiveram importância fundamental para as artes cênicas brasileiras têm sido resgatadas do esquecimento. Mesmo o nome daqueles que já partiram são frequentemente evocados pela voz de seus companheiros de palco ou de seus biógrafos. Ou seja, nessas histórias que se cruzam, verdadeiros mitos são redescobertos e imortalizados.

E não só o público tem reconhecido a importância e a qualidade da Aplauso. Em 2008, a Coleção foi laureada com o mais importante prêmio da área editorial do Brasil: o Jabuti. Concedido pela Câmara Brasileira do Livro (CBL), a edição especial sobre Raul Cortez ganhou na categoria biografia.

Mas o que começou modestamente tomou vulto e novos temas passaram a integrar a Coleção ao longo desses anos. Hoje, a Aplauso inclui inúmeros outros temas correlatos como a história das pioneiras TVs brasileiras, companhias de dança, roteiros de filmes, peças de teatro e uma parte dedicada à música, com biografias de compositores, cantores, maestros, etc.

Para o final deste ano de 2010, está previsto o lançamento de 80 títulos, que se juntarão aos 220 já lançados até aqui. Destes, a maioria foi disponibilizada em acervo digital que pode ser acessado pela internet gratuitamente. Sem dúvida, essa ação constitui grande passo para difusão da nossa cultura entre estudantes, pesquisadores e leitores simplesmente interessados nas histórias.

Com tudo isso, a Coleção Aplauso passa a fazer parte ela própria de uma história na qual personagens ficcionais se misturam à daqueles que os criaram, e que por sua vez compõe algumas páginas de outra muito maior: a história do Brasil.

Boa leitura.

Alberto Goldman
Governador do Estado de São Paulo

Coleção Aplauso

O que lembro, tenho.
Guimarães Rosa

A *Coleção Aplauso*, concebida pela Imprensa Oficial, visa resgatar a memória da cultura nacional, biografando atores, atrizes e diretores que compõem a cena brasileira nas áreas de cinema, teatro e televisão. Foram selecionados escritores com largo currículo em jornalismo cultural para esse trabalho em que a história cênica e audiovisual brasileiras vem sendo reconstituída de maneira singular. Em entrevistas e encontros sucessivos estreita-se o contato entre biógrafos e biografados. Arquivos de documentos e imagens são pesquisados, e o universo que se reconstitui a partir do cotidiano e do fazer dessas personalidades permite reconstruir sua trajetória.

A decisão sobre o depoimento de cada um na primeira pessoa mantém o aspecto de tradição oral dos relatos, tornando o texto coloquial, como se o biografado falasse diretamente ao leitor.

Um aspecto importante da *Coleção* é que os resultados obtidos ultrapassam simples registros biográficos, revelando ao leitor facetas que também caracterizam o artista e seu ofício. Biógrafo e biografado se colocaram em reflexões que se estenderam sobre a formação intelectual e ideológica do artista, contextualizada na história brasileira.

São inúmeros os artistas a apontar o importante papel que tiveram os livros e a leitura em sua vida, deixando transparecer a firmeza do pensamento crítico ou denunciando preconceitos seculares que atrasaram e continuam atrasando nosso país. Muitos mostraram a importância para a sua formação terem atuado tanto no teatro quanto no cinema e na televisão, adquirindo, linguagens diferenciadas – analisando-as com suas particularidades.

Muitos títulos exploram o universo íntimo e psicológico do artista, revelando as circunstâncias que o conduziram à arte, como se abrigasse em si mesmo desde sempre, a complexidade dos personagens.

São livros que, além de atrair o grande público, interessarão igualmente aos estudiosos das artes cênicas, pois na *Coleção Aplauso* foi discutido o processo de criação que concerne ao teatro, ao cinema e à televisão. Foram abordadas a construção dos personagens, a análise, a história, a importância e a atualidade de alguns deles. Também foram examinados o relacionamento dos artistas com seus pares e diretores, os processos e as possibilidades de correção de erros no exercício do teatro e do cinema, a diferença entre esses veículos e a expressão de suas linguagens.

Se algum fator específico conduziu ao sucesso da *Coleção Aplauso* – e merece ser destacado –, é o interesse do leitor brasileiro em conhecer o percurso cultural de seu país.

À Imprensa Oficial e sua equipe coube reunir um bom time de jornalistas, organizar com eficácia a pesquisa documental e iconográfica e contar com a disposição e o empenho dos artistas, diretores, dramaturgos e roteiristas. Com a *Coleção* em curso, configurada e com identidade consolidada, constatamos que os sortilégios que envolvem palco, cenas, coxias, sets de filmagem, textos, imagens e palavras conjugados, e todos esses seres especiais – que neste universo transitam, transmutam e vivem – também nos tomaram e sensibilizaram.

É esse material cultural e de reflexão que pode ser agora compartilhado com os leitores de todo o Brasil.

Hubert Alquéres
Diretor-presidente
Imprensa Oficial do Estado de São Paulo

Apresentação

Poeta, romancista, dramaturga, roteirista de televisão, escritora e professora universitária, Renata Pallottini é uma das pensadoras e intelectuais mais respeitadas de nosso universo cultural e acadêmico, reconhecida nacional e internacionalmente.

Renata nasceu em São Paulo, se graduou em Direito pela Faculdade de Direito de São Francisco, da Universidade de São Paulo (USP), e em Filosofia pela Pontifícia Universidade Católica de São Paulo (PUC). Fez, mais tarde, o Curso de Dramaturgia da Escola de Arte Dramática de São Paulo (EAD), da USP. Frequentou cursos de Literatura e Língua Espanhola, além de cursos de História da Arte na Universidade de Madri, Espanha. Ministrou cursos em Roma, Itália; no Centro Brasileiro de Cultura, da Embaixada do Brasil, no Peru; em Centros Culturais situados em Lima e Cuzco; em Cuba, na Escuela Internacional de Cine y Television e em vários outros centros estudantis e de aperfeiçoamento; na Universidad

Autônoma de Barcelona, Espanha e na Universidade de Santiago de Compostela, na Galícia.

Proferiu palestras e conferências em Madri e Santiago de Compostela, na Espanha, em Lisboa, Coimbra e Porto, Portugal, em Manizales, Colômbia, em Havana, Cuba e em várias cidades da Alemanha.

Ela foi Presidente do Centro Brasileiro de Teatro, filiado a ITI, e a primeira presidente da Associação Paulista de Autores Teatrais (APART). Foi ainda diretora da Escola de Arte Dramática de São Paulo (EAD/USP), presidente da Comissão Estadual de Teatro da Secretaria de Cultura, Assessora para Teatro da mesma Secretaria e Chefe do Departamento de Teatro da ECA/USP.

Poeta, dramaturga, novelista, roteirista de TV, várias vezes premiada por estes títulos. Recebeu, em teatro, os prêmios Molière, Anchieta, Governador do Estado; Jabuti, em poesia, e APCA, em televisão, entre outros.

Apesar de toda sua projeção artística, cultural e acadêmica, Renata Pallottini conserva a simplicidade do sábio. Relaciona-se conosco, seus alunos, leitores e admiradores de modo tranquilo. Trata a nós, que buscamos sua experiência e sapiência, com alegria e paciência, que vem da consciência de sua missão de transmitir conhecimento ao maior número de pessoas. Esta é uma qualidade rara nos tempos atuais: a arte de dar e receber conhecimento, e Renata faz dela sua principal atividade.

Ao ser entrevistada para a revista *Caros Amigos* pelo jornalista e poeta Álvaro Alves de Faria, sobre esta multiplicidade de expressões artísticas e acadêmicas, Renata respondeu: *"não sei se posso dividir a Renata em tantas porções. Elas se misturam, certamente. A poeta é aquela que quer dizer do seu íntimo, da sua subjetividade, usando uma linguagem indireta, cifrada. Mas essa mesma, às vezes, usa essa linguagem no teatro ou no romance. E no romance, às vezes, dialoga por longo tempo, e presentifica as ações, como se estivesse escrevendo para o palco. Seguramente, quando comecei a escrever teatro estava, como já ouvi dizer de outros escritores, procurando um público presente, vivo, ali à minha frente, e não o público oculto e desconhecido do livro.*

À noite, no meio da noite, com a caneta e um caderninho vermelho, é a poeta quem escreve. De dia, organizadamente no computador, escreve a dramaturga ou a prosadora. Mas quem diz que ela já não fez poesia no computador e não escreveu um... Poema dramático?... Peça poética?... Sei lá, um trabalho cênico todo em versos, escrito pouco a pouco, em qualquer hora? É difícil separar a escritora em três pedaços. E eu nem quero. Sou uma escritora. Uma pessoa que começou por fazer poesia, meio sem saber o que fazia, depois gostou e viu que era bom, e prosseguiu, e tentou melhorar sempre e tenta melhorar até hoje. Uma escritora que partiu para enfrentar a prosa um pouco assustada, depois viu que dava pra fazer e continua fazendo. Uma artista apaixonada pelo teatro, que começou a fazer teatro muito cedo, escreveu muito e ainda hoje tem um imenso prazer escrevendo peças.

Uma pessoa que é, transcrevendo Antonio Machado 'en el buen sentido de la palabra, buena'. *Uma mulher que luta sozinha, com muitos amigos, que amou e ama, que acredita na vida, no prazer, que gosta de viajar, de ler, de ver cinema, de tomar vinho, de comer bem. E que tem muitos defeitos, também. Ah, e que é professora de dramaturgia, embora às vezes eu ache que não tenho nada pra ensinar a ninguém... E... Ah, uma criança, ainda".*

Foi em fevereiro de 1990 que conheci Renata Pallottini, durante o Festival Internacional de Teatro, em Campinas. Este encontro determinou grandes mudanças no roteiro escrito para a minha vida. Eu estava iniciando meus estudos na área de roteiro de cinema, frequentava um curso no Rio de Janeiro com Alcione Araújo, quando soube que Renata estaria fazendo uma oficina de dramaturgia durante o FIT. Inscrevi-me e, logo na primeira aula, percebi a riqueza que era poder aprender com esta dramaturga, roteirista, poeta e romancista.

Ávida de conhecimento, bebia cada um de seus ensinamentos e, à noite, procurava aplicá-los ao roteiro que estava escrevendo e nos exercícios que ela nos passava para o dia seguinte.

Foi grande a minha alegria quando, no fim da oficina, ao apresentar a cena que havia preparado, Renata Pallottini ficou encantada com minha personagem, *Ana Jansen*, e sugeriu que gostaria de conhecer melhor meu trabalho.

Ela conhecia bem São Luís, já tinha ouvido falar da bruxa do Maranhão, mas pouco sabia dessa figura fantástica. Finalmente alguém se interessava pela minha personagem e reconhecia meu trabalho. Foi o início da minha carreira literária.

Por sua indicação fui participar em Cuba, na Escuela Internacional de Cine y Television do encontro de roteiristas internacionais numa oficina de dois meses, *Diálogos de Estudos Avançados*, e fui aceita, como sua orientanda, para o mestrado na Escola de Comunicações e Artes, da Universidade de São Paulo. *Ana Jansen* ganhou vida e notoriedade com a orientação de minha mestra e amiga Renata Pallottini.

Esta é a pessoa sobre a qual escrevo esta biografia, a quem admiro por todas as qualidades já mencionadas e, sobretudo, por sua simplicidade, generosidade, sapiência, fidelidade, honestidade e comprometimento. Qualidades estas tão raras em nosso Brasil.

Aqueles que, como Mauro Alencar e eu, tivemos o privilégio de tê-la como mestra e amiga, sabemos a importância de conviver e aprender com uma pessoa que guarda estes predicados pessoais e profissionais. Assim, quando fui convidada a realizar esta obra fiquei muito feliz pela oportunidade de falar de Renata Pallottini para os jovens artistas e para o público em geral, mostrar seu valor e o que ela representa no cenário artístico e cultural do nosso país.

Este livro está escrito na primeira pessoa, não apenas por ser este o formato da *Coleção Aplauso*, mas também porque eu, a escritora, empresto minha voz à autora.

Procurei ao máximo desprender-me do meu discurso para que Renata falasse diretamente a todos vocês, transmitindo suas ideias, pensamentos, emoções puras, sua linguagem e suas palavras. Não poderia ser de outra forma uma vez que aceitei o desafio de escrever sobre uma grande escritora e poeta, romancista e dramaturga, que está entre os melhores do gênero no Brasil. Juntas decidimos sobre todos os aspectos desta obra: sua estrutura, os capítulos, os poemas que aqui estão, as peças inéditas, suas fotos. Optei por entrevistá-la e receber suas fitas gravadas, as quais transcrevi, fazendo as alterações que Renata me sugeriu e permitiu fazer, e busquei mais informações em seus livros de poesia e prosa, em entrevistas. Sempre com o cuidado de intervir o mínimo possível em seu discurso, seu estilo, suas ideias.

Com a palavra Renata Pallottini.

Rita Ribeiro Guimarães

Uma Poetisa na TV

A paulistana Renata Pallottini ingressou na televisão em 1972, para participar da equipe de redação do programa infantil *Vila Sésamo*, produzido pelas Televisões Globo e Cultura, ajudando a imortalizar personagens como Garibaldo (Laerte Morrone) e Gugu (Roberto Orozco). Participavam da atração, entre outros: Aracy Balabanian, Armando Bogus, Sônia Braga, Manoel Inocêncio e Milton Gonçalves.

Na telenovela, marcou presença nos áureos tempos da TV Tupi adaptando, com Carlos Queiroz Telles, *Os Irmãos Karamazov*, de Dostoiévski. *O Julgamento*, com direção de Carlos Zara, foi ao ar em 1976/77. Mostrava o drama da família Paixão, liderada pelo patriarca Lourenço (Cláudio Correa e Castro) que, por motivos de amor e dinheiro, vivia em conflito com os filhos – Dimas (Carlos Zara), Ivan (Adriano Reys), Lico (Tony Ramos) e Zé Maria (Ewerton de Castro).

Duas mulheres também contribuíam para tornar ainda mais acirrada a história da família: Sônia

(Eva Wilma) e Catarina (Elaine Cristina). Ainda, no elenco: Cleyde Yáconis, Lélia Abramo, Edgard Franco, Wanda Stefânia, Henrique Martins, Maria Luíza Castelli, Elias Gleizer, Carminha Brandão e Laerte Morrone. Destaque para o tema de abertura *Galope*, com o MPB-4.

Em 1981/1982, Renata participa da autoria de uma das novelas mais importantes da televisão. *Os Imigrantes*, de Benedito Ruy Barbosa, produzida pela Bandeirantes, contava a história da imigração de europeus em terras brasileiras desde a chegada, em fins do século XIX, no Porto de Santos (SP), até a inauguração de Brasília. Na construção do Brasil do século XX encontramos três Antônios: o italiano (Herson Capri/Rubens de Falco), o português (David Arcanjo/Othon Bastos) e o espanhol (José Piñero/Altair Lima).

Antes de iniciar a terceira geração da história, Benedito deixou a emissora e o texto passou a ser escrito por Renata Pallottini e Wilson Aguiar Filho que mostraram tramas de bastante interesse a partir da decadência dos barões do café com o *crack* da Bolsa de Nova York, em 1929. O engenheiro André (Paulo Betti) – neto do italiano Antônio de Sálvio – envolvido com a construção de Brasília; Mercedita (Yoná Magalhães), a neta desaparecida da velha matriarca espanhola Mercedes Hernandez; os herdeiros do imigrante português Antônio Pereira; a vinda da atriz internacional Dora Castilhos (Jussara Freire) e a formação de um grupo teatral tendo à frente o diretor Luiz Vasconcellos (Luiz Armando Queiroz) com novas ideias sobre o trabalho do ator e a função social do espetáculo teatral.

Com 459 capítulos, foi a segunda novela mais longa da TV. Direção: Antônio Abujamra, Henrique Martins e Attílio Riccó.

Mas a dramaturga, novelista e professora Renata Pallottini também levou sua poesia para novos formatos televisivos.

Durante a criativa década de 70 na televisão, a Globo produziu a série *Caso Especial*. O programa, basicamente mensal, ia ao ar logo após a novela das oito e apresentava uma história completa contada em aproximadamente 50 minutos.

Em 1976, Renata Pallottini escreveu o episódio *Sapicuá*, com direção de Fábio Sabag. A história se passava na década de 30, numa fazenda do interior de São Paulo e *"sapicuá"* era a sacola usada pelos leprosos para pedir esmolas, presa na ponta de uma vara para que não houvesse perigo de contágio aos que prestassem ajuda aos doentes. Com isso, a autora fazia um paralelo com a solidão: os doentes isolavam-se por uma exigência preventiva e os moradores da fazenda mantinham-se afastados dos acontecimentos da capital, que estava às vésperas da Revolução de 32. A autora de livros de poesia como *Chão de Palavras* e *Coração Americano* e do romance *Nosotros* assim definiu *Sapicuá*: *"A minha intenção, ao escrever o especial, foi a de utilizar uma linguagem poética, quase impressionista, dando uma imagem da época que prepara a revolução constitucionalista de 32"*. No elenco: Roberto Bonfim, Isabel Ribeiro, Cecil Thiré, Marcos Paulo, Léa Garcia e o menino Luís Carlos Mendonça.

Em 1982, para a série *Telerromance* da TV Cultura que produzia minisséries mensais, Renata adapta o romance *Nem Rebeldes, Nem Fiéis*, de Ondina Ferreira. Era a história de Olívia (Maria Fernanda) que, independente financeiramente e às vésperas da aposentadoria como funcionária pública, sem saber o que faria da vida, entra em crise em relação ao seu futuro. Com Newton Prado, Maria Luíza Castelli, Geórgia Gomide, Luiz Armando Queiroz, Hélio Souto e Maria Isabel de Lizandra. Dentro de outros formatos televisivos, a participação de Renata Pallottini na equipe de criação de *Malu Mulher*, projeto do diretor Daniel Filho, foi de fundamental importância para a firmação do gênero *seriado* no Brasil, em 1979, na Globo. Sobre ele, assim referiu-se a premiada autora de textos teatrais como *O Crime da Cabra* (que havia sido adaptado pela autora para a extinta TV Excelsior no início da década de 60) e *O Escorpião de Numância*: *"Em termos de linguagem, o seriado exige uma forma de contar muito própria. Não é uma novela nem um especial, mas algo que soma características dos dois gêneros."*

Depois da criação da socióloga Malu (Regina Duarte), Renata participa da equipe de redação do seriado *Joana*, com texto supervisionado por Manoel Carlos. Com Regina Duarte interpretando uma jornalista, a produção independente de Guga de Oliveira foi exibida pela Manchete e SBT, entre 1984 e 1985. Entre especiais, minisséries, novelas e seriados, Renata Pallottini, com sua prosa e poesia, vem engrandecendo a história da teledramaturgia brasileira.

Mauro Alencar
Doutor em Teledramaturgia – USP
Consultor e Pesquisador – Rede Globo
Autor do livro *A Hollywood Brasileira – Panorama da Telenovela no Brasil*

Capítulo I

O Valor do Aprendizado

É natural que, ao desenhar o próprio caminho, pelo menos no que diz respeito à idade da razão, a gente se detenha no que aprendeu, nos métodos de aprendizado e, com alguma nostalgia, nos locais em que funcionaram as escolas que contaram, na nossa vida e nos mestres que nos ensinaram a fruir parte do que hoje somos.

A gente aprende sempre. Desde que nasce, a gente está aprendendo. Eu hoje aprendo quando estou dando aulas, mas o meu aprendizado profissional começou com cinco anos de Faculdade de Direito e três anos de Faculdade de Filosofia. Foram dois cursos ligados à área de humanas e que me ajudaram muito a entender a humanidade, Humanidade com letras maiúsculas, os seres humanos, a filosofia, o direito, as relações com as pessoas, as relações das pessoas entre si e com cada um de nós individualmente, as relações das pessoas com a vida cotidiana, e depois a origem de tudo que é o que está na filosofia. A origem da gente, a origem do Deus, no qual a gente pode ou não crer, as origens do fim também, do fim da vida, até onde ela vai e em que consiste este fim.

Tudo isso foi muito importante, fundamental para mim, mas acabou por não ser propriamente o que veio a constituir o meu trabalho. A minha vida profissional começou quando eu recebi uma bolsa de estudos para a Espanha e lá passei um ano, entre 1959 e 60. Estudei um ano na Faculdade de Letras da Universidade de Madri o que foi muito importante para mim, não apenas o curso, mas toda a experiência que vivi naquele momento. O curso era muito bom, incluía uma série de problemas relativos à estética, que depois eu viria a usar muito, incluía história da cultura espanhola e do teatro, como ainda a língua, o castelhano.

Foi determinante na minha vida esta vivência de um ano num país diferente, sozinha como estudante, na Europa que eu sempre prezei mais que a América do Norte, num país que naquele tempo era muito conturbado, pois a Espanha vivia ainda sob a ditadura de Franco, muito movimentada pelas oposições que lutavam pela democracia, pela liberdade e, naturalmente, toda esta turbulência incluía estudantes e intelectuais e eu estava entre eles. Esta experiência cívica na Espanha fez com que eu me interessasse profundamente pela vida política, pela vida literária e, em última instância, pelo teatro. Eu comecei a ver o teatro de forma diferente do teatro que até então tinha visto no Brasil. Naquela época, fim da década de 50 e começo dos anos 60 do século passado, na Espanha havia muita reticência e certa censura com relação aos dramaturgos contemporâneos porque o governo de Franco tinha medo de que eles fizessem críticas ao regime ditatorial. Então, o governo estimulava a montagem de clássicos internacionais e, principalmente, espanhóis.

Eu tive a oportunidade de ver montagens muito bem comportadas, mas nem por isso ruins, muito pelo contrário, assisti a montagens muito boas de clássicos espanhóis. Os espanhóis têm um teatro de muito boa qualidade. Eu vi textos de Tirso de Molina, Calderón de la Barca, Lope de Vega, Cervantes e depois os românticos. Fui vendo tudo o que era possível na ocasião e fazia isso com muito cuidado e atenção o que contribuiu para aumentar meu interesse pelo teatro e ampliar minha experiência artística. Foi a partir daí, na realidade, que eu comecei a escrever para teatro. Eu escrevia e já tinha até publicado poesia, mas nunca havia me debruçado de verdade sobre o teatro.

Eu tenho dois textos que foram feitos antes de minha viagem para a Espanha, dos quais um eu conservei, que se chama *A Lâmpada* e que foi montado mais de uma vez por uma diretora que me descobriu, a Teresa Aguiar e que hoje é minha amiga. Eu gosto muito de *A Lâmpada*, embora tenha sido escrito bem no início do meu interesse pelo teatro.

Quando voltei para o Brasil em 1961, eu soube que a Escola de Arte Dramática, que naquele tempo era uma escola particular, dirigida, criada e mantida por Dr. Alfredo Mesquita, estava abrindo o curso de dramaturgia. Até então eles só tinham cursos de interpretação para atores e com a notícia de que o curso iniciava em 61 eu imediatamente me matriculei e consegui entrar e freqüentei a EAD por dois anos, onde estudei com grandes professores. Eu até espichei um pouco o curso, fiz um acréscimo de mais um ano só para fazer as aulas do Anatol Rosenfeld. Entre os meus professores estavam Anatol Rosenfeld, Alberto D'Aversa, Décio de Almeida Prado, Augusto Boal, Sábato Magaldi, o próprio Dr. Alfredo Mesquita, quer dizer, as pessoas que já então faziam e viam o teatro com olhos críticos. Eles todos eram grandes professores, além de grandes conhecedores de teatro, no caso do Anatol Rosenfeld, também um filósofo. Enfim eu tive a sorte não apenas de ter aprendido com grandes mestres, como também de ter sido colega de artistas como Patrícia Galvão, Lauro César Muniz, Luis Carlos Cardoso, Maria Thereza Vargas, entre outros.

Desse curso saiu a versão definitiva da minha primeira comédia, *O Crime da Cabra*, que foi encenada em 1965, e com a qual eu ganhei o Prêmio Molière, que era uma viagem a Paris, e o Prêmio Governador do Estado. Ambos eram as mais prestigiosas premiações do teatro na época. A minha estréia no teatro foi muito feliz e a partir daí minha carreira de dramaturga se ampliou, eu tive uma série de textos montados, e continuei escrevendo sempre.

Uma coisa é certa: eu tive sucesso de crítica no meu trabalho, mas não eram espetáculos para o grande público. Hoje em dia eu atribuo isso ao fato de que nunca pratiquei o teatro dentro do teatro. Sempre escrevi minhas peças na minha casa, eu não estava ligada propriamente aos diretores ou aos atores que iam montar minhas peças. Eu não vivia o dia a dia do teatro como espetáculo e isso é uma coisa que acho que se eu tivesse que aconselhar alguém hoje em dia, diria que é muito proveitoso. É importante para um dramaturgo se aproximar do trabalho prático do teatro como espetáculo. Eu fiquei um pouco presa às minhas origens de escritora de literatura e isso definiu o tipo de teatro que faço.

Tive uma montagem que ficou na minha cabeça e no meu coração que foi a de *Colônia Cecília*, na década de 80. Esta foi para mim uma alegria, uma festa. O texto era meu, a direção do Ademar Guerra, a cenografia e figurinos da Maria Bonomi, quer dizer, era uma coisa realmente de primeira e ela foi realizada em Curitiba, no Paraná, para celebrar o centenário do Teatro Guaíra. Este foi um espetáculo muito bonito e de grande sucesso. Ela tinha um elenco praticamente todo formado de atores paranaenses, dos quais vários vieram a fazer sua carreira profissional fora. Talvez o mais conhecido entre eles seja o Luis Melo, que faz teatro no Rio, em São Paulo, no Paraná e que hoje em dia faz também televisão, com muito êxito.

A montagem de *Colônia Cecília* foi a mais bem sucedida, para mim, para o meu gosto, mas infelizmente ela não pode sair do Paraná onde nasceu. O diretor Ademar Guerra não achou que fosse conveniente trazer o espetáculo e todo o elenco para São Paulo e para o Rio, de maneira que ela não teve a projeção que merecia ter, o que foi uma pena. Meu texto é bom, mas não é por isso só, mas sim pelo fato de que a direção dele foi muito feliz e todos os componentes eram bons e trabalharam bem, o que resultou num espetáculo muito bonito. A música original foi feita para o espetáculo pela Cristina Bedusqui, uma artista paranaense, também.

O texto de *Colônia Cecília* foi publicado duas vezes e, aliás, publicações de meus textos para teatro têm acontecido muito neste momento, ou seja, 2005. Eu estou trabalhando junto com a Editora Perspectiva na publicação de um livro que vai trazer todo meu teatro até esse momento, são 21 peças, desde que eu estreei em 1965. Nós vamos incluir até mesmo dois textos anteriores que eu tinha guardado e que depois refiz.

É também de se pensar e isso é bom pensar alto, como eu estou pensando agora, que neste momento o teatro que está sendo encenado, é um teatro de pouco texto, muito mais de sentidos, mais sensorial, mais visual, mais fragmentado, então, talvez neste momento eu não tivesse possibilidade de encenação. Por isso eu resolvi fazer esta publicação como uma forma de deixar registrada uma obra realizada.

Foi muito importante para mim o trabalho que desenvolvi com o diretor e amigo, Ademar Guerra, em *Colônia Cecília* e, antes, na adaptação de *Hair*, em teatro. Na televisão trabalhamos juntos em *Vila Sésamo*. Na TV foi igualmente gratificante trabalhar com os dramaturgos Lauro César Muniz, Chico de Assis, Carlos Queiroz Telles e Wilson Aguiar Filho, estes dois últimos já falecidos. Trabalhei muito bem com Elvira Gentil, com Laerte Morrone, com Teresa Aguiar, com os atores que se formaram na EAD e na ECA. Hoje é importante meu contato com diretores como Antonio Abujamra e Gabriel Vilela, além de outros.

1952

Capítulo II

Escola de Arte Dramática
Escola de Comunicações e Artes

Voltando à questão do aprendizado, a Escola de Arte Dramática, da qual eu me tornei professora, teve uma importância grande para mim, assim como para o universo teatral brasileiro. Hoje em dia eu sou professora aposentada da Escola de Comunicações e Artes da Universidade de São Paulo, à qual a Escola de Arte Dramática está vinculada. A EAD que começou como uma escola particular, de Alfredo Mesquita, acabou por se tornar uma espécie de instituto de educação, de nível médio ligado à ECA, localizada na Universidade de São Paulo e vinculada à USP. Tornei-me professora da EAD, dois anos depois de ter me formado lá, por indicação do professor Sábato Magaldi, para substituí-lo, e lá continuei até que a escola fosse absorvida pela Universidade de São Paulo. Posteriormente eu acabei passando para a própria ECA, para dar aulas no curso universitário. Dei aulas de História do Teatro Brasileiro, de História do Teatro de uma maneira geral, de Literatura Dramática e de Dramaturgia, propriamente dita. A Escola de Comunicações e Artes da Universidade de São Paulo tem tido uma importância fundamental na formação de artistas e profissionais das diversas áreas que a compõem: teatro, música, dança, cinema, jornalismo, publicidade, artes plásticas, rádio e TV. Desde sua fundação, a ECA tem exercido expressiva influência para além do campus universitário, muitas vezes lançando novas idéias e impulsionando a vanguarda artística e cultural.

A EAD foi fundada na década de 50, e era, nessa época, a melhor escola de teatro do Brasil. Basta olhar para a lista de alguns de seus professores, como Cacilda Becker, Ziembinski, Décio de Almeida Prado, Sábato Magaldi, Anatol Rosenfeld, Jacó Guinsburg, Alberto D'Aversa, Augusto Boal, conhecer a biografia de seu fundador, Alfredo Mesquita, e lembrar alguns nomes de ex-alunos formados pela EAD, tais como Leonardo Villar, Araci Balabanian, Francisco Cuoco, Paulo Betti, Eliane Giardini, Ney Latorraca, Vera Holtz, José

Renato, Celso Nunes, Silney Siqueira, Myriam Muniz, para aquilatar a sua importância. Ela formou boa parte dos melhores atores, diretores, pesquisadores e técnicos do Teatro e da TV brasileiros. Atualmente, agregada à Universidade de São Paulo, prossegue na sua labuta formadora, com os resultados que se verão dentro de alguns anos, quando a nova geração começar a aparecer.

A ECA tem sobre a EAD a vantagem de ser um curso de nível universitário. Mas tem a desvantagem de abarcar muitos campos, enquanto a EAD pretende somente formar atores. No entanto, o Departamento de Teatro da ECA já formou profissionais respeitáveis, como os diretores José Possi, Gabriel Vilela, William Pereira, Antonio Araújo e vários atores de primeira categoria. É uma escola de prestígio, embora muito nova para os padrões da USP. Seu corpo docente é formado por pesquisadores e profissionais excelentes. Não quero destacar nomes, até porque, neste momento, a aposentadoria me afasta um pouco da vida atual da EAD.

Muitas coisas curiosas e engraçadas aconteceram na minha vida de professora, de dramaturga, de artista, de poeta e eu tenho muitas lembranças destas vivências na ECA e na EAD. Nós vivemos coisas tristes também, mas ser triste dentro de uma escola de interpretação, como eram a EAD e o próprio Departamento de Teatro da ECA não chegava a ser tão triste assim, pois a gente dava a volta por cima e conseguia se safar das situações ruins.

Eu me lembro de uma ocasião em que nós estávamos na Escola de Arte Dramática trabalhando com a peça *Tio Vania*, de Tchekov, e era uma montagem para encerramento de curso, com dois jovens atores, então, Edgar Gurgel Aranha e Luis Nagib Emery. Luis Nagib era o próprio Vania e há um momento em que Tio Vania desmaia, dobra os joelhos e cai e é amparado por trás pelo personagem representado por Edgar. No dia da estreia do espetáculo, com a casa cheia, Luis Nagib desmaiou, começou a fazer sua cena afrouxando os joelhos, naturalmente, separando um pouco as pernas, amolecendo o corpo para cair. O Edgar Gurgel sustentou o Luis Nagib por trás, mas com tanta falta de jeito que meteu um joelhaço no ponto delicado do Luis Nagib. Os dois estavam em cena e não podiam dar nenhuma demonstração do que tinha acontecido. Eu estava atrás, nas coxias e ouvi o gemido sofrido do Luis Nagib, mas só nós que estávamos em cena, ou nos bastidores pudemos ouvir, o público não tomou ciência e espetáculo continuou, só que o pobre do Luis Nagib estava realmente desmaiado e desmaiado ficou.

Eu me lembro de espetáculos que a gente participava e que de repente faltavam palavras, em que os atores esqueciam o texto, como um ator que esqueceu sua fala e pulou cinco minutos de espetáculo, e os companheiros que estavam em cena tiveram que se virar para tapar os buracos.

Uma das coisas tristes de que eu me recordo e que até hoje não entendi, foi quando montamos um espetáculo com texto do Leo Gilson Ribeiro que se chama *Balada de Manhattan*, dirigido por Paulo Hesse. Eu gosto muito deste texto e gostei muito do espetáculo, o qual foi feito ao ar livre, no tempo em que a escola era ainda na Rua Tiradentes. Foi o melhor tempo em que eu era estudante e depois, no começo da minha carreira de professora. Mas o Leo Gilson não apareceu nesse espetáculo, eu não me encontrei com ele, ele não veio ao nosso encontro, mas é claro que ele deu autorização para montarmos seu texto, senão não o teríamos feito. Ele não aderiu a essa montagem e hoje eu tenho pena que tenha havido um mal-entendido entre nós por causa da *Balada de Manhattan*, então eu gostaria de deixar explícito que eu gosto muito desse texto, acho muito interessante e tenho pena de que não seja mais encenado como deveria.

Tanto a ECA quanto a EAD sofreram muito a repressão política do período de exceção, nos governos militares, nós chegamos até mesmo a ter agentes militares infiltrados nas salas de aula. Eu fui diretora da EAD por dois anos, na década de 70. A censura, então vigente, nos criava inúmeros problemas quanto aos espetáculos, o nu, por exemplo, estava proibido. Isso, numa época em que a juventude estudantil buscava novos caminhos, muito influenciada pelos movimentos de 68, inclusive na Europa e nos Estados Unidos.

No começo de 1964, o Serviço Nacional de Teatro estava sendo presidido pelo Roberto Freire, que era meu amigo e continua sendo. Eu tinha acabado de escrever *O Crime da Cabra* e já estava trabalhando como professora da Escola de Arte Dramática. Então encaminhei o texto para Ademar Guerra, também meu amigo, o qual entrou em contato com Roberto Freire e os dois decidiram que o Serviço Nacional de Teatro iria montar meu texto, com direção do Ademar e o espetáculo viajaria por todo o Brasil, bancado pelo SNT. Como esta peça era uma comédia, quase farsa, que se passava num ambiente rural era consenso que esta montagem tinha um grande potencial para ser bem recebida por todo o Brasil, principalmente nos ambientes rurais. Isso estava decidido e fechado com o Roberto Freire e com o Ademar Guerra, o elenco tinha sido escolhido e a peça já estava em começo de ensaios. Quando sobreveio o golpe militar o SNT foi desfeito, Roberto Freire que era um homem de esquerda foi obrigado a deixar a presidência e esse plano todo foi por água abaixo. No ano seguinte a peça foi montada com direção do Carlos Murtinho pela companhia Nydia Licia e ganhou dois prêmios importantes o Molière e o prêmio Governador do Estado, porém não teve a repercussão de público que poderia ter tido se tivesse sido feita aquela montagem do Serviço Nacional de Teatro em excursão por todo o país como estava planejado. Esta é uma coisa que eu acho que o regime militar me deve e, naturalmente, este tipo de coisa não pode ser cobrado em dinheiro, como tantas indenizações que têm sido cobradas por aí.

Outro caso em que a censura interferiu na minha produção e diria que na minha evolução, foi quando, em 1972 eu escrevi a peça *Enquanto Se Vai Morrer*, um drama de caráter épico, todo feito em cenas soltas, contendo poemas, canções, tendo como temas principais a pena de morte e a tortura. Em 72 essa peça já estava pronta e aprovada pela ECA com direção do Celso Nunes, e era uma montagem que seguramente teria uma repercussão muito grande junto ao público em geral, pois o diretor era muito bom e o texto é bom, eu gosto muito dele, até hoje. No entanto ela foi submetida à censura e totalmente proibida, ou seja, não se pode levar o espetáculo na ECA. Esse é um outro momento em que a censura interferiu de maneira muito forte na minha carreira, nas minhas montagens, na repercussão do meu trabalho em teatro junto ao público.

Na ECA, da qual fui Chefe de Departamento, os problemas eram semelhantes e influenciavam todas as manifestações artísticas. Inclusive nós tínhamos um diretor que era manobrado pela ditadura e ele era forçado, ou tinha mesmo a inclinação pessoal de reprimir e censurar muito. Na época desse diretor, eu fui diretora da EAD e estava subordinada a ele, evidentemente.

Os atos de resistência, então, eram conscientes, preparados realmente para se opor e demonstrar que nós estávamos resistindo. Faziam-se e encenavam-se textos que eram contra a situação política, usava-se o nu como uma forma de rebeldia e, claro, era um tempo ainda muito próximo ao movimento *hippie*, então havia uma porção de valores do movimento hippie que eram utilizados pelos alunos e até pelos professores, tipo roupas, cabelos e drogas também que já começava a aparecer. Embora na EAD e na ECA houvesse uma liberdade de costumes eu nunca consegui tomar contato com o uso de drogas, talvez existisse, mas com certeza acontecia fora dos prédios e da própria Cidade Universitária, porque lá dentro a gente não percebia o uso de drogas entre os alunos e tampouco havia a demonstração de que isso era valorizado.

Todas estas experiências foram partes importantes do meu processo de aprendizado, apesar de que, inicialmente, eu não imaginei que pudesse um dia me tornar professora. Eu achava que não tinha nada para ensinar, mas acabei me encaminhando para esse mundo e fazendo minha vida profissional no magistério. Não me arrependo e acho que eu aprendi muito e continuo aprendendo, embora neste momento eu esteja trabalhando somente na pós-graduação e não esteja mais dando aulas.

A gente na universidade, no ensino universitário, é obrigada a estudar e a produzir para poder construir uma carreira. A certa altura eu decidi defender uma tese para me tornar doutora e minha tese se constituiu numa outra peça original. Nela eu especificava o que tinha aprendido de dramaturgia até então, o que eu tinha lido e o que eu tinha feito também, toda minha experiência e prática teatral. Isso foi muito bom, porém difícil, pois eu nunca tinha pensado em fazer uma tese. Este material da tese resultou em um livro que se chamou *Introdução à Dramaturgia* e foi a minha primeira publicação sobre essa técnica, sobre esse mister que é a dramaturgia. Posteriormente escrevi mais dois livros sobre o assunto, um deles é *A Construção do Personagem* e o outro é *Dramaturgia de Televisão*. Eu tenho ainda artigos publicados em revistas e jornais, e tenho intenção de continuar escrevendo, produzindo e publicando, pois estas publicações foram fundamentais para minha vida e para meu processo de aprendizado.

Além de acreditar que a gente aprende a vida inteira, acho que se aprende muito fazendo, escrevendo, lendo, assistindo e escrevendo teatro. Eu tenho lido muitas vezes e ouvido pessoas dizerem que escola é bobagem, lição é bobagem, regra é bobagem, que as pessoas que têm talento fazem e quem não tem talento ensina a fazer. Eu acho que uma coisa não impede a outra. Evidentemente a gente conhece grandes dramaturgos que nunca fizeram escola nenhuma, até porque nem havia propriamente escola para se seguir, mas estes dramaturgos tiveram seus ensinamentos e seu aprendizado através de outras pessoas, diretores, amigos, companheiros, atores, ou através de lições escritas. Para mim, o fato de que haja escritores intuitivos, que são capazes de produzir obras respeitáveis sem terem freqüentado uma escola formal, não impede que a gente possa freqüentar e aprender na escola.

Eu aprendi muitíssimo na escola e através das leituras que eram indicações da própria escola, dos professores, e o que eu tenho escrito tentando introduzir alguma coisa sobre a dramaturgia me parece que pode ser útil. Não são regras, não são camisas de força, nada é obrigatório, pode se fazer tudo diferente, mas se a gente aprender com a experiência daqueles que vieram antes, talvez se consiga facilitar o caminho, talvez se consiga abreviar o tempo. É como um operário que aprende a utilizar seu material, um oleiro que aprende a utilizar a argila, um pintor que aprende a melhor maneira de se mesclar as tintas, tudo isso creio que não atrapalha ninguém. Desde que não se considere que as indicações são regras, que são leis, pois não são. Não estamos falando de matemática e de nenhuma ciência exata, mas sim de criação literária, criação artística e como tal deve ser livre, só que ninguém perde por tentar aprender e tentar se aperfeiçoar.

Continuando a falar sobre aprendizado, eu me dou conta que falei muito sobre o aprendizado para o ofício de dramaturgo e não disse nada com relação ao aprendizado que diz respeito ao ofício de poeta. Embora eu tenha participado de cursos, oficinas, palestras sobre o fazer teatral e dramaturgia, eu nunca quis participar deste mesmo tipo de atividade em relação à poesia. Pensando mais sobre isso, eu acho que é porque eu não acredito que se possa aprender a fazer poesia, ou melhor, que se possa aprender a ser poeta. Talvez se possa desenvolver técnicas de fazer versos, de fazer um poema, mas ninguém aprende a ser poeta. Desculpem-me o que pode ser um erro de concepção, mas eu acho que as pessoas nascem poetas, ou não. Claro está que se pode e mesmo deve-se buscar o aperfeiçoamento e isso eu creio que se consegue lendo muito, constantemente, lendo sempre boa poesia.

O que é boa poesia, naturalmente vai ficar a critério das próprias pessoas que estão procurando este aprendizado, a única coisa que eu posso aconselhar com relação à pergunta de como é que a gente aprende a ser poeta é isso, não se aprende, mas sempre se pode buscar o aperfeiçoamento através da leitura de bons poetas. Melhor ainda se isso puder ser feito com poetas de outros idiomas, inclusive, que a gente possa acompanhar, que a gente possa fruir, como é o caso do espanhol que eu hoje acompanho e posso fruir tão bem quanto o português. Além de escrever muito, escrever sempre, procurar desprezar o que a gente não considera bom. É necessário escrever, ler, se achar que não serve jogar fora, pois mais da metade do que se escreve joga-se fora. Desta forma eu creio que se pode buscar um aperfeiçoamento, porém não sei se isso pode se chamar de *"aprendizado para escrever poesia"*.

Eu creio que, desde que um autor, uma pessoa tenha o que dizer e tenha já de início uma capacidade de se expressar através da palavra escrita, esta pessoa tem condições de se aperfeiçoar lendo e ouvindo sobre a técnica referente àquele determinado ofício, de dramaturgo ou poeta. Enfim uma escola poderá ajudá-la, como uma boa escola de canto, por exemplo, ajuda a quem tenha uma voz predisposta, artisticamente valiosa.

No que tange à poesia, este fazer é muito mais complicado: além da disposição de se expressar através da palavra escrita o poeta tem algo mais que eu não saberia definir. Algo que é inato, uma necessidade de expressão do inexprimível, ele pode e deve tentar melhorar através da leitura e do exercício contínuo. Algumas pessoas já definiram a poesia como a expressão do inexprimível, e eu acho que é bem por aí. Nós poetas temos que chegar à poesia, não apenas ao verso, que é apenas seu aspecto formal.

Capítulo III

O Teatro em Minha Vida

Eu não consigo determinar precisamente quando minha vida no teatro, com o teatro e para o teatro começa. Devo ter ido ao teatro ainda muito criança, tendo em vista minha origem italiana, pois meus avós eram italianos e os italianos, de modo geral, gostam muito de teatro. Naturalmente eles preferem o teatro que foi importante para eles no fim do século XIX e começo do século XX, o teatro musical, muitas vezes a ópera, a opereta, os melodramas, as comédias, este tipo que hoje em dia consideramos popular. Eu devo ter ido ao teatro pela primeira vez no colo, não me lembro exatamente quando isso ocorreu. No tempo em que eu era muito pequena não havia grandes proibições para as crianças irem ao teatro com os pais, e a gente dormia uma boa parte do tempo. Eu sei que a minha família inteira adorava teatro e eu também, então eu via óperas, operetas, teatro musical de todo tipo, comédias, eu assistia a companhias de teatro de revista ainda criança. Eu vi as Dulcinas, os Procópios da vida em seu tempo, sendo ainda muito criança, ou seja, não houve interrupção na minha vida no relativo a ir ao teatro.

Como eu nasci na cidade de São Paulo, o teatro era sempre acessível, não havendo dificuldade nenhuma para se assistir a um espetáculo. Muitas vezes eu ouço companheiros dizerem que, como nasceram no interior, ou em cidades pequenas fora do estado, não tiveram acesso a espetáculos porque não havia teatro. Não era este o meu caso. Eu gostava muito de ir ao circo também, como qualquer criança do meu tempo e o circo tinha uma segunda parte, o final do espetáculo que se constituía em um espetáculo teatral de uma qualidade duvidosa, mas que de qualquer modo era teatro, drama, ou comédias populares. Quer dizer, o fenômeno teatral estava lá, pois tinha ator, público e havia a relação público-ator que compõe o espetáculo teatral.

Quando eu me refiro às Dulcinas e aos Procópios da vida eu o faço carinhosamente porque Dulcina de Moraes foi uma grande atriz e Procópio Ferreira um grande ator, e eu tive muita alegria e muito prazer em poder vê-los atuar, desde muito jovem. Vi espetáculos bons e sinto-me privilegiada por ter visto o começo do Teatro Brasileiro de Comédia. O TBC foi uma escola para todos nós, além de proporcionar um prazer muito grande, porque o TBC trazia para o Brasil um repertório exigente. Tinha de tudo, um pouco de comédias leves, como também textos dramáticos de muita qualidade. Isso foi logo depois da Segunda Guerra Mundial, fim da década de 40 e começo da década de 50 do século passado.

Quem conhece a história do Teatro Brasileiro de Comédia sabe do que eu estou falando, sabe que o TBC, além de um divertimento e um prazer, foi uma escola para as pessoas que se interessavam por teatro. Os dez anos que separam a fundação de Os Comediantes do lançamento do Teatro Brasileiro de Comédia são fundamentais para o crescimento do nosso teatro. Deixava-se definitivamente a concepção de um teatro de ator, embasado unicamente na primeira figura, em uma estrela que podia ser Dulcina de Moraes, Procópio Ferreira, Jaime Costa, Raul Roulien, e se passava a privilegiar o teatro de conjunto, de equipe, onde cada detalhe da montagem era confiado ao melhor profissional disponível.

Passava-se do puro e simples amadorismo, que tinha, afinal, tornado possível a existência de Os Comediantes, do Teatro do Estudante do Brasil, e de tantos grupos que enobreceram a arte dramática brasileira, para o profissionalismo assumido, que dava aos atores e diretores uma estabilidade capaz de garantir o melhor resultado estético. Não que antes do TBC não existisse profissionalismo e não existissem companhias de teatro, mas essas companhias eram transitórias, unidas ao redor de um líder, ou de um casal de atores, escolhidos e contratados para um espetáculo, ou para uma viagem.

O Teatro Brasileiro de Comédia era a primeira companhia que oferecia um local fixo de ensaios e espetáculos, um elenco estável de atores de primeira linha, de excelentes diretores que se revezavam na criação de grandes espetáculos, e que contavam com técnicos competentes. Enfim um espírito que, talvez, fosse o mais importante: o de querer produzir sempre o melhor espetáculo possível, alternando, para isso, textos clássicos e ligeiros, peças para um público geral e textos consagrados do teatro universal.

O TBC era uma companhia que buscava a qualidade em todos os detalhes de um espetáculo e reunia um elenco de nomes como os atores Cacilda Becker, Madalena Nicol, Cleyde Yáconis, Leonardo Villar, Nydia Licia, Célia Biar, Maria Della Costa, Adolfo Celi, Walmor Chagas, Sérgio Cardoso, Paulo Autran, e, mais tarde, Nathalia Timberg, Fernanda Montenegro, Tonia Carrero, Jardel Filho, Sadi Cabral, Raul Cortez; os diretores Zbigniew M. Ziembinski, Ruggero Jacobbi, Luciano Salce; os autores Helena Silveira e Jamil Almansur Haddad; o cenógrafo Aldo Calvo.

Ao reunir tantos nomes já brilhantes, ou que vieram a brilhar sob suas luzes, o Teatro Brasileiro de Comédia assumia o risco de se tornar campo da explosão de rivalidades, invejas e ciúmes. Isso aconteceu, não resta dúvida, mas o que mais importa é que o TBC ofereceu aos seus expectadores exemplos insubstituíveis da arte do teatro. Já se haviam montado, ali, Tchekov, Sartre, Oscar Wilde, John Gay, Tennesse Williams, William Saroyan, e a peça de Jules Renard *Poil de Carotte*, dirigida por Ziembinski, onde Cacilda Becker criou o seu imortal menino de cabelos vermelhos: o *Pega-Fogo*. Este era o teatro que eu via, apreciava e gostava desde antes da minha viagem a Espanha. E essa viagem aconteceu, para gozo de uma bolsa de estudos concedida pela Espanha, em 1959. Eu viajei de navio, uma viagem surpreendente e maravilhosa.

Capítulo IV

Uma Viagem Fantástica

O velho navio português Vera Cruz zarpou de Santos no dia 3 de outubro de 1959, às 17h30, com toda a festa a que se tinha direito, naqueles tempos, nas partidas. Eu estava a bordo, a caminho da Espanha, onde iria valer-me de uma bolsa de estudos de um ano na Universidade de Madri, na Faculdade de Letras.

Chamar o Vera Cruz de *"velho navio português"* talvez seja ofensivo, pois se tratava de um bonito transatlântico, branco e bastante grande. Visitei-o, encantada, como sempre fico com as coisas do mar e aprendi que era um barco de grandes dimensões, muito bem equipado, que dispunha até mesmo de uma imprensa que preparava e publicava um jornal diário, bastante bom para as condições em que era feito. Nesse jornal publiquei uma história policial com direito a prêmio para quem solvesse o mistério, adivinhando quem era o assassino. Lembro-me ainda da minha emoção quando vi, no chão do meu camarote, as cartas recebidas, de passageiros e tripulação, propondo a solução e, também, da alegria da festa em que se deu o prêmio a um garoto da Terceira Classe que estava voltando à sua terra.

Paramos, naturalmente, no Rio de Janeiro, depois na Bahia e chegamos ao Recife no dia 7 de outubro, às oito horas da manhã. Para grande emoção minha, jovem admiradora do teatro e da primeira atriz brasileira, às onze horas embarcava a companhia de Cacilda Becker, o TCB. Eu havia estreado, sem grande pompa na poesia, mas ainda sonhava escrever muitas coisas, entre as quais peças de teatro, o que realmente fiz.

Meu primeiro contato com o grupo me foi propiciado por Raul Cortez, que já me conhecia de algum lugar e estava na viagem. Raul me apresentou a Cleyde Yáconis, que pareceu não me dar muita importância (aprendi, depois, a reconhecer sua proverbial timidez). Faziam parte do grupo, além de Cacilda e Walmor, Cleyde,

Stênio Garcia, (começando provavelmente sua carreira artística), Luiz Tito, Raul Cortez, Freddi Kleemann, Kleber Macedo, Benedito Corsi, Paulo Rangel,... Que me lembre.

Durante a viagem fiz algumas anotações sobre o grupo para publicação do jornalzinho de bordo, buscando informar aos passageiros, que em grande parte eram portugueses, alguma coisa sobre a qualidade e a importância daqueles atores que eram, sem dúvida, parte da brilhante realidade teatral brasileira de então, e que estavam partindo em aventura para levar notícia dessa realidade à Europa.

No dia 11 de outubro, à noitinha, chegamos à Ilha de São Vicente, possessão portuguesa dos Açores, muito perto da África, portanto; ilha pedregosa, muito clara, sem água própria, a qual recebia da ilha vizinha de Santo Antão. Cara de cenário de filme da África colonial. Fomos convidados, todos os passageiros brasileiros, ao Clube da Ilha, lugar provavelmente onde se reuniam as autoridades locais e os oficiais da marinha portuguesa em trânsito. Passei pelo Clube onde Cacilda e Walmor permaneceram, mas nós, os outros, fomos a um tal *"baile das pretas"*, que era uma espécie de espetáculo de dança, efetivado numa casa de prostituição.

Nunca me esqueci do talento daquelas mulheres, aliás, nem todas eram negras, para dançar aquele baile ritmado, violento, harmonioso. As mulheres estavam muito constrangidas com a nossa presença, de outras mulheres, quero dizer. Lembro-me de que Cleyde se sentiu mal, intimidada com aquele encontro. Eu passei por cima de todo excesso de sensibilidade e aproveitei ao máximo aquela primeira e última oportunidade de entrar num prostíbulo. Lembro, também, que a dona da casa se chamava Serena. Um nome lindo.

Mais tarde, com Cacilda e Walmor reunidos ao grupo, fomos às *"mornas"*, canções da terra, semelhantes ao fado, mas em dialeto crioulo. Uma enorme lua cheia espiava tudo, e nos serviram suco de pêra, enlatado e importado. Uma das coisas que me lembro bem desta viagem foi quando o Raul Cortez me disse: *"Eu vou ser um grande ator"*. Ele conseguiu realmente seu objetivo, Raul Cortez é um grande ator, fugindo do esquema do galã, pois ele não tinha as características para tal, ele foi construindo pouco a pouco a sua carreira notável.

Passamos ainda pelo Funchal, Ilha da Madeira, onde colhemos gaivotas que nos acompanharam em todo o resto da viagem, chegamos a Lisboa no dia 15 de outubro de 1959, às 15h30. O Teatro Cacilda Becker começava sua conquista do Velho Mundo e eu minha feliz aventura na Espanha.

Eu já tinha saído do Brasil, mas nunca para viver num país com a calma e o tempo que tive quando fui como estudante para a Espanha. O que é muito diferente, pois você mora naquele outro país, você vai à escola, convive com outros costumes, com novas maneiras de viver, com seus horários, enfim um novo esquema de vida. Meus fins de semana na Espanha eram dedicados ao teatro, proporcionado pela própria Universidade de

Madri, para seus alunos ou então o teatro oficial patrocinado e mantido pelo governo, como era o caso do Teatro Espanhol que é uma casa de espetáculos dedicada ao teatro de qualidade.

Quando voltei da Europa, entrei para a Escola de Arte Dramática que estava iniciando o curso de dramaturgia, como falei antes, e me dediquei dois anos quase que unicamente a pensar, escrever e fazer teatro. Antes de entrar para a EAD eu já tinha uma estória na cabeça, uns rascunhos e escrevi uma nova versão dela quando estava saindo da EAD, e foi essa nova versão de *O Crime da Cabra* que me deu a primeira oportunidade de uma montagem profissional pela Companhia Nydia Lícia que estreou no Teatro Bela Vista, em 1965. Com este espetáculo eu ganhei meus dois primeiros prêmios, o Prêmio Molière e o Prêmio Governador do Estado, que eram na época considerados os mais importantes do teatro brasileiros.

Quando eu ganhei o Molière, em 1966, eu voltei à Europa, à França, onde fiquei um tempo e

Madri, 1959

Madri, 1959

vivi momentos muito marcantes na minha vida. Como dizia Hemingway, Paris era uma festa. Paris é sempre uma festa e eu tinha trinta e poucos anos, muito mais disponível, com pernas para frequentar a noite, para ir a teatros, foi quando vi pela primeira vez a Comédie Française. Depois consegui esticar a viagem até a Inglaterra e voltar à Itália.

Eu sempre fui muito mais inclinada pela Europa do que pelos Estados Unidos, talvez devido à minha educação, e toda vez que eu penso em viajar, novamente penso em ir para a Europa, portanto Paris me atraiu muito e me encanta sempre. A cultura francesa nos influenciou muitíssimo, a partir do próprio Alfredo Mesquita porque ele era um homem basicamente francês, foi quase parido na França, e sua cultura provinha principalmente daquele país, a qual estava presente na Escola de Arte Dramática, por ele fundada e que ficou presente também em nossa formação. A França nos influencia através de seu teatro, de seu idioma, de sua literatura, de suas artes em geral, é uma influência da qual

a gente não pode e nem deve fugir, pelo contrário deve buscá-la sempre.

Um espetáculo fantástico que eu vi em Paris, quando da minha primeira viagem turística, em 1957, foi *Chá e Simpatia*, com a Ingrid Bergman e Raff Vallone fazendo o papel do marido. Eu nunca tinha visto Ingrid Bergman de perto, só em cinema. Sabia que ela era uma grande atriz de cinema, mas outra coisa era vê-la assim pessoalmente, no palco, aquela grande mulher, alta, que chamava a atenção toda do público para ela, foi impressionante. Ela falava um bom francês, para uma sueca, e representava de uma maneira muito especial, porque teatro e cinema são coisas diferentes.

Em outra ocasião eu vi também um outro espetáculo que me marcou muito, com Ana Magnani fazendo *Medeia*. Eu só tinha visto esta fantástica atriz no cinema e tinha uma grande admiração por ela, sabia que ela tinha começado fazendo teatro de variedades, espetáculos musicais, porém nunca imaginei que pudesse fazer uma tragédia.

Veneza 1966

Ela fez esta tragédia de Eurípides de uma forma belíssima. É claro que se a gente pensar um pouco no temperamento da Ana Magnani a gente vai ver que ela era uma pessoa que, potencialmente, por temperamento e, principalmente na altura da vida em que se encontrava, podia fazer uma tragédia lindamente como fez.

Quando, já na década de 70, voltei a Paris, deslumbradíssima como sempre fico, descobri que a Edwiges Feuillère, que era meu grande ídolo francês no teatro e no cinema, estava fazendo o *Doce Pássaro da Juventude*, de Tennesse Williams. Eu estava com minhas amigas Elza Cunha e Teresa Aguiar e combinamos as três e fomos para o teatro, extasiadas assistimos àquele belíssimo espetáculo, e depois nos atrevemos a ir aos camarins para tentar ver a atriz de perto. No percurso eu ensaiei o que eu queria dizer no meu pobre francês, fiz um ensaio, ficou tudo perfeito, pois eu tinha o domínio suficiente da língua para dizer pelo menos o que eu queria. Quando nós chegamos naquele camarim com uma estrela prateada pregada na porta, e a voz maravilhosa nos mandou entrar eu fiquei absolutamente muda, estatelada, olhando maravilhada para Edwiges. Ela tentou nos por à vontade, a Elza e a Teresa falaram um pouco. Eu lembro que ela perguntou sobre a Norma Benguell e a Teresa e a Elza falaram o que sabiam e eu não falava, minha voz não saía. Quando saímos, eu fiquei indignada comigo mesma, a vontade que tinha era de bater a cabeça na parede de ódio por ter estado perto da Edwiges Feuillère e não ter conseguido falar nenhuma palavra.

Nesta época, década de 70, eu vi em Milão, com elenco do Pícolo, porém não no teatro do Pícolo, uma beleza de montagem de *Jardim das Cerejeiras*, de Tchekov, com direção de Giorgio Strehler e num dos papéis principais a Valentina Cortese. Eu a conhecia de filmes, mas não lhe dava tanta importância, ela não me parecia uma grande atriz, ou eu não via os filmes certos. No teatro ela estava soberba, muito bem dirigida, o espetáculo estava lindíssimo e eu me lembro de uma chuva de folhas secas que caía sobre o público num determinado momento.

Outro espetáculo lindo que eu tive a alegria de ver, esse sim no próprio Teatro do Pícolo, em Milão recentemente, na década de 90, foi a Alida Valli, que eu já conhecia do cinema, fazendo *Assim é Se Lhe Parece*, de Pirandello. Eu tinha muita admiração por seu trabalho no cinema, lembrava da grande atuação que ela tinha tido, no filme *O Terceiro Homem*, no qual ela trabalhou com Joseph Cotten e Orson Welles. Foi extraordinário vê-la no palco fazendo Pirandello e ela estava maravilhosa.

Lembro ainda de um espetáculo a que assisti em Barcelona que não tinha nenhum grande astro, ou estrela, mas que era dirigido por ninguém menos que Ingmar Bergman. Eu nunca tinha pensado em Bergman fazendo teatro e ele fez o *Rei Lear* com autores suecos, falado em sueco. A peça é inesquecível basicamente por causa do ator que fazia o personagem principal e do cenário e da iluminação. Em tenho a visão clara do palco muito grande e desse cenário único com esta maravilhosa iluminação que Bergman conseguiu realizar.

Mas em termos de vivência minha maior influência veio da Espanha mesmo. Foi em Madri, onde passei um ano, que a Europa entrou inteirinha em mim, eu fui feliz, vi e fiz teatro, escrevi e fiz um pequeno espetáculo numa casa de residência, a Casa do Brasil, onde a gente acolheu pessoas da Cidade Universitária de Madri. Isso tudo foi muito vivo. Eu frequentei bastante a noite madrilenha e o Instituto de Cultura Hispânica que era um excelente veículo de divulgação daquela cultura. Creio que eu tenho uma boa parte de mim que é espanhola, apesar de que de sangue eu não tenha nada, mas de vivência, de afeição e de amor pelo país, pelo povo e pela cultura espanhola.

Mas eu me dediquei mesmo ao teatro brasileiro e vi muita coisa maravilhosa ser realizada no Brasil. Eu vi, por exemplo, Dulcina de Moraes em *Chuva*, de Somerset Maughan, uma adaptação de um conto dele para teatro. A Dulcina foi uma grande atriz intuitiva, inesquecível, é claro que ela não teve a oportunidade de escola nenhuma, mas tinha uma grande vocação para atriz.

A gente tem a tendência de não valorizar os atores e atrizes que trabalharam em teatro brasileiro em textos de menor qualidade. Em época passada nós não tínhamos grandes dramaturgos, eu acho que nós tivemos poucos dramaturgos antes do século XX. A gente pode pensar em Martins Pena, em Gonçalves Dias, que fez uma *Leonor de Mendonça* que é maravilhosa, em Arthur Azevedo que escreveu coisas extraordinárias, mas não muito mais do que isso. No Brasil começou-se realmente a ter um teatro mais sério a partir de Nelson Rodrigues. Então a Dulcina não tinha grandes textos para fazer, mas ela tentou e se esforçou por melhorar muito a qualidade de seus espetáculos, a pesquisar textos, e ela era uma grande atriz da qual não restou nada gravado, digamos assim. Mas ficamos nós como testemunhas do seu talento excepcional.

Eu vi a estreia de *Moratória*, de Jorge de Andrade. Ele era um grande dramaturgo, um dos cinco maiores que o Brasil já teve e hoje Jorge de Andrade está esquecido. *A Moratória*, que eu vi transformou minha visão de teatro, pois era um texto diverso de tudo o que eu já tinha visto. Foi um grande espetáculo levado no TBC, com direção do Ruggero Jacobbi, um alumbramento, uma iluminação muito grande aquela primeira visão do teatro de Jorge Andrade.

Lembro-me dos primeiros espetáculos de *Eles Não Usam Black-Tie*, de Gianfrancesco Guarnieri, no Arena, com direção de José Renato, em 1958, tendo no elenco Eugênio Kusnet e Lélia Abramo que fazia o papel de Romana, um papel criado para ela. Foi belíssimo, era uma outra experiência com outra abertura, uma nova vivência muito importante para o meu conhecimento de teatro.

Eu vi uma montagem de *Navalha na Carne*, com direção do Fauzi Arap, no Rio de Janeiro, com a Tonia Carrero, que era uma coisa absolutamente inesperada. Ninguém podia supor que a Tonia fosse fazer a prostituta daquela maneira. Ela fez uma coisa extraordinária, foi a melhor interpretação que eu vi da Tonia Carrero. E é bom a gente pensar nestes grandes momentos das atrizes consideradas belíssimas, umas iluminações quando apareciam no palco, mas que não foram colocadas no rol das grandes atrizes brasileiras, que é o caso da Tonia. Outro caso como esse foi a *Cotovia*, pela Maria Della Costa que fez um espetáculo belíssimo e foi muito bem dirigida.

É claro que eu não poderia deixar passar a felicidade que tive em ver Sérgio Cardoso fazendo teatro, eu o vi fazendo coisas incríveis, como *O Mentiroso*. Até mesmo quando fazia tragédias em que representava um pequeno papel ele dava a esses pequenos papéis um valor que não estava em consonância com a pouca fala que tinha. Eu me lembro da *Visita da Velha Senhora*, na qual estavam Sérgio Cardoso e Cacilda juntos. Era um espetáculo completo porque, além de ser um grande texto estava ancorado nestes dois grandes atores, em que um não deixava o outro desaparecer. Cada um deles tentava fazer subir o outro, era um jogo de talentos, Cacilda e Sérgio Cardoso no mesmo palco. Assim como também vi muita coisa grandiosa, sólida e muito benfeita, pelo Paulo Autran que é um outro grande ator da nossa cena que nos enriquece toda vez que a gente o vê.

Outras coisas foram marcantes para mim no teatro brasileiro. Eu não vi a primeira versão de *Vestido de Noiva*, na década de 40, eu só vi mais tarde, mas é claro que *Vestido de Noiva*, como toda a dramaturgia do Nelson Rodrigues, é um marco, tem antes e depois. Antes do *Vestido de Noiva* e depois dele.

Lembro-me também de uma comédia do Millôr Fernandes chamada *É*, com Fernanda Montenegro. A Fernanda já fez tudo, todo tipo de teatro, de cinema, mas nessa peça ela estava extraordinária, tinha um domínio de voz e do tempo da comédia que eu nunca mais encontrei em atriz nenhuma. Fernanda é maravilhosa, com toda a certeza a maior atriz brasileira deste momento, e eu me lembro dessa comédia com muito deleite. Eu vi Cacilda Becker numa outra comédia muito engraçada *Arsênico e Alfazema* e também não me esqueço da Cacilda fazendo esse espetáculo, grávida, e maravilhosa. Depois, mais tarde, eu vi a Cacilda em outras coisas, *Esperando Godot*, por exemplo e me lembro de coisas lindas, também, da Cleyde Yáconis. A Cleyde fez um *Eurídice*, aliás muitíssimo bem acompanhada pelo Walmor Chagas. Graças a Deus está entre nós fazendo seu trabalho. A Cleyde está entre as minhas grandes paixões no teatro brasileiro.

Toda esta vivência de teatro, no Brasil e na Europa, aliada ao meu preparo técnico e acadêmico, formaram o escopo pessoal que vai estar presente nos meus textos e na minha obra. Vem daí esta paixão perene pelo teatro, pelo espetáculo, pela dramaturgia.

2005

Capítulo V

Fazendo Teatro

Ao longo da minha vida eu segui escrevendo sem interrupção e faz apenas um ano que não escrevo para teatro. Talvez eu esteja vivendo uma fase difícil devido à falta de oportunidade de ter um texto meu montado, apesar de compreender que esta é uma empreitada complicada neste momento, pelas razões que já falei anteriormente. Eu acho que o tipo de teatro que está se fazendo neste momento não é o tipo de dramaturgia que eu escrevo. Eu faço um teatro racional que contém estória, sequência, relação lógica interna, e me parece que o teatro neste momento, o pós-moderno, está muito ligado à fragmentação, à irracionalidade, ao puramente sensorial, ao espetáculo em si, muito pouco preocupado com o texto ou o diálogo, e isso desorienta, de certa maneira, um autor que já começou há bastante tempo, com é o meu caso. Não acho que esse teatro seja desprezível, não é isso, muito ao contrário. Tenho visto coisas muito bonitas dentro desse gênero de teatro fragmentado, mas eu não me coloco nesse contexto atual e também não consigo me posicionar em relação aos produtores de espetáculos de hoje. A coisa ficou um pouco longe de mim, então tenho escrito e pensado sobre teatro, mas não tenho escrito textos teatrais.

Fazendo um paralelo entre poesia e teatro eu diria que uma das coisas que não se consegue ensinar em termos de poesia é o fato de que a poesia é metáfora e isso é quase tudo o que se pode dizer, mas não se pode explicar de onde vêm as metáforas, porque elas nascem de dentro de cada um. Se eu digo, por exemplo, que um velho está surdo e não ouve mais porque ele realmente não quer mais ouvir, ou não tem mais o que ouvir, que ele está se recusando a ouvir o que as pessoas a seu redor podem ter para lhe dizer, e se eu encontro uma forma bela para dizer isso eu estarei fazendo poesia. A surdez do velho é, de fato, uma metáfora do seu desejo, de sua recusa de ouvir o mundo e os outros. Ele já ouviu tudo o que tinha para ouvir. Da mesma forma que se diz que uma vista cansada, ou uma catarata de um idoso significa o seu desejo de não se ver mais, por exemplo, num espelho. Ele pode simplesmente estar recusando a visão da destruição de seu corpo, de sua própria integridade física. E assim, infinitamente, a gente pode ir escrevendo a respeito de como a poesia vai criando imagens das coisas mais profundas e muitas vezes mais dolorosas do ser humano. Isso provém da experiência, da leitura, do ato de pensar, de ver, de sentir, de explorar o sentimento. Eu creio que dificilmente pode-se ensinar estas sutilezas da alma, por isso não acredito muito em realizar o aprendizado da poesia nos mesmos moldes que se pode fazer em teatro.

Voltando ao teatro, eu volto da Espanha com intenso desejo de escrever. No começo eu queria falar sobre as coisas de fora, as coisas externas a mim, fazer uma comédia sobre um quiproquó, uma confusão, como é *O Crime da Cabra*, por causa de um animalzinho, uma cabra. Depois fiz mais duas comédias e continuei escrevendo sobre o *"de fora"*.

Fiz uma adaptação sobre *Numancia*, de Cervantes que eu tinha lido e visto na Espanha. Fiz uma adaptação de Guimarães Rosa, até que um professor muito querido, Miroel Silveira, que já se foi, me disse um dia: *"Você precisa escrever sobre si mesma, também no teatro"*. Isso era uma coisa que até então eu não tinha feito e depois que Miroel me fez essa observação eu escrevi um drama sobre a minha juventude passada na Faculdade de Direito que se chamou *Enquanto Se Vai Morrer*, depois escrevi um outro texto sobre o mesmo assunto, *Serenata Cantada aos Companheiros*. Essas peças marcaram a minha primeira virada de um tipo de produção teatral para outro e, a partir daí, eu comecei a escrever sobre minha própria experiência, minha própria vida.

Minha tese de doutoramento, em 1982, foi composta de uma parte sobre dramaturgia, que incluía tudo o que eu tinha feito até então e uma peça original que se chamou *O País do Sol*. Este texto fala da imigração italiana, imigração essa que envolve os meus bisavós e a estória de um avô meu anarquista que morreu assassinado. Ele é o protagonista da estória. *O País do Sol* é a primeira peça de uma trilogia sobre a imigração italiana. Depois dela, também na década de 80, veio a *Colônia Cecília*, sobre uma colônia anarquista que existiu no Paraná, no século XIX, antes da Proclamação da República. Este texto é quase todo em versos livres, com partes que são cartas e muitas canções e sua montagem, como já mencionei, foi muito bem-sucedida.

Eu li muito a respeito daquela colônia anarquista no Paraná. Ouvi e li depoimentos de pessoas que viveram lá e de descendentes, como a escritora Zélia Gatai, viúva de Jorge Amado. Como toda e qualquer colônia anarquista que se preza a vivência ali era baseada na solidariedade, na honestidade, na pureza do ser humano. Eram quarenta e poucas pessoas que queriam viver de maneira solidária e fraternal, princípios estes baseados na fraternidade, em que todos devem ajudar-se mutuamente. A colônia era um tanto ou quanto cristã nesse sentido, ou talvez muito cristã, todos devem se amar e se defender juntos, mas na parte moral é que a coisa foge um pouco de certo moralismo do cristianismo.

COLÔ
(um p
GOVERNO DO ESTAD
SECRETARIA DE ESTA
GOVERNO DO
PARANÁ

NÁ
LTURA E DO ESPORTE
AÇÃO TEATRO GUAÍRA - TEATRO DE COMÉDIA DO PARANÁ

A filosofia anarquista permite o amor livre, amplo, geral e irrestrito, um amor em que as pessoas digam sinceramente o que sentem um pelo outro e que fiquem juntas sempre que assim o desejem. Quando uma das partes não quer mais fazer parte do pacto, ou seja, não está mais amando o outro ela tem o direito de se afastar da relação, isso não só o homem, mas também a mulher. No século XIX esta mentalidade era bastante revolucionária.

O anarquismo se baseia na solidariedade, na fraternidade, na honestidade e na sinceridade do ser humano para com o outro, no desejo de partilhar tudo e onde todos são responsáveis por tudo, pois tudo pertence a todos. Ele é contrário à idéia de propriedade, quer dizer, não há propriedade particular, a não ser das poucas coisas pessoais que cada um possui, todo mundo tem o direito a usar tudo e é igualmente responsável pelo bem comum.

O anarquismo tem esse lado bastante revolucionário no sentido moral, onde a mulher e o homem são absolutamente iguais nos seus direitos e deveres e têm total liberdade, inclusive no amor. Esta foi, portanto, minha inspiração para escrever a *Colônia Cecília*.

A terceira peça da trilogia sobre a imigração italiana eu escrevi, mas nunca publiquei e nem foi montada, chama-se *Tarantela*. Ela é escrita com unidade de tempo e de ação, se passa em uma única noite, em um único lugar, com um grupo de seis ou sete personagens. Eu gosto muito dela, mas este texto não está dentro dos parâmetros do teatro atual, o qual não se interessa em montar um espetáculo desse tipo, digamos acadêmico, ou conservador, ou bem feita, ou algo assim. As poucas pessoas às quais mostrei *Tarantela* gostaram muito, mas não se entusiasmaram em fazer sua montagem. Esta peça tem um personagem que me interessa muito, portanto eu estou guardando esse texto, não sei bem para quando, mas tenho vontade de reescrevê-lo e transformá-lo numa novela, num romance, numa narrativa. Quem sabe alguma dessas coisas um dia vai sair.

Eu escrevi muito sobre os imigrantes italianos baseada nas minhas lembranças pessoais, no que eu pude acompanhar dos meus avós, das pessoas mais velhas da minha família, todas de origem italiana, dos dois lados, paterno e materno. Existem vários tipos de imigrantes italianos e na minha própria família tem exemplos deles. Existe o imigrante que veio para o Brasil unicamente por razões econômicas e mesmo esses eram de dois tipos: havia uns que vinham já contratados desde a Itália para trabalhar no interior dos estados de São Paulo e do Rio Grande do Sul. Eram camponeses recrutados, uma parte no sul da Itália e outra parte no norte, principalmente no Vêneto, e estas pessoas já chegavam no Brasil destinadas a trabalhar no campo.

Outros vinham também por razões econômicas, mas eram mais livres, pois viajavam com seus próprios recursos e procuravam as cidades porque eram oriundos, na Itália, de centros urbanos. Nesta categoria encontram-se meus bisavós por parte de mãe. Eles saíram de uma cidade do sul, Foggia, na Puglia, e vieram direto para a cidade de São Paulo onde tinham outros conterrâneos. Outras pessoas vinham por razões de ordem política, como foi o caso do meu avô materno, pai de minha mãe, que era anarquista praticante, ativista político e fugiu de Roma, de onde ele era oriundo, porque estava sendo perseguido pela polícia.

Naquela época a Itália era monarquista e tendo em vista certos atentados praticados pelos anarquistas contra membros da família real italiana, os anarquistas de um modo geral estavam sendo perseguidos, por isso meu avô fugiu de lá. Ele tinha a intenção de ir para a Argentina e primeiro esteve em Buenos Aires, mas não sei por que motivo acabou vindo para o Brasil e aqui ficou. Ele morreu muito jovem, aos trinta e poucos anos, assassinado, também por razões de ordem política.

E havia ainda aqueles que vinham um pouco para se aventurar e tentar fazer fortuna, apesar de que estavam relativamente bem em sua cidade, como meu avô paterno, Pallottini, que era tipógrafo e estava bem em Roma, mas achou que aqui ele ia ser mais feliz, que ele ia ser mais bem-sucedido e assim veio para cá. E esse foi o começo dos Pallottinis em São Paulo. Claro, todos eles sentiam a falta de seu país de origem, de seus lugares, campos e cidades, mas na sua imensa maioria os imigrantes italianos tiveram a virtude de se adaptar ao Brasil muito rapidamente, principalmente os de São Paulo e do Rio Grande do Sul, que apesar de estarem em grande quantidade e formarem uma grande colônia italiana, mesmo assim eles buscaram se mesclar com os brasileiros.

Os imigrantes italianos não formaram guetos, eles tiveram esta visão e conseguiram se abrasileirar muito rapidamente, aprender o idioma, casaram-se com as moças e rapazes daqui do Brasil, formaram novas famílias e foram se adaptando cada vez mais.

Isso não excluiu a saudade, evidentemente, mas permitiu aos italianos que fossem acolhidos e bem recebidos no Brasil.

Quando se fala em italianos e no Brasil a gente está sempre pensando mais na gente do Rio de Janeiro para baixo, pois no norte e nordeste a presença italiana é bem menor, embora existam italianos também lá. Fala-se mais é de São Paulo mesmo e para baixo, até o Rio Grande do Sul.

Depois desta fase, digamos italiana, eu fiz uma adaptação de *As Cidades Invisíveis*, de Ítalo Calvino. Escrevi uma peça em versos chamada *Os Loucos de Antes*, que não foi encenada, mas que eu publiquei. Tenho escrito algumas coisas soltas, esparsas, mas não tenho tido meus textos montados profissionalmente, com visibilidade. Minhas peças têm sido montadas com mais frequência no interior e em cidades menores, principalmente *O Crime da Cabra, O Pedro Pedreiro, A História do Juiz*, minhas primeiras comédias.

Capítulo VI

Traduções e Adaptações

Uma das primeiras adaptações que eu fiz foi de *As Cidades Invisíveis*, de Ítalo Calvino. Também adaptei de Guimarães Rosa, *João Guimarães, Veredas* e *Sarapalha*, que tiveram várias montagens. Eu tenho trabalhado muito em adaptações e traduções de textos para teatro, uns por minha própria iniciativa e outros por encomenda, por solicitação de alguém que está querendo montar um texto. Se eu gostar do original, se for um original que me agrade, eu aceito fazer a tradução e a adaptação.

No meu entender, neste trabalho com textos estrangeiros para teatro brasileiro, para fazê-los em nosso idioma e em nosso espaço, a única coisa que não se deve fazer é trair a idéia central do autor original. Se ele tinha a intenção de fazer uma determinada coisa como mensagem, ponto de partida principal norteador do seu texto, você não pode fugir a isso, não se pode trair essa ideia central do texto.

O autor original escreveu para dizer uma coisa e você não tem o direito de dizer o contrário do que ele quis expressar, agora, você pode nas adaptações optar por certas mudanças no sentido, fazer algumas atualizações, as quais não se está impedida de realizar.

A gente já viu, por exemplo, adaptações de Romeu e Julieta passados no tempo atual com pessoas e realidades diferentes, mas nunca você estará negando a primazia do amor entre dois jovens obstaculizado pelas famílias de cada um deles. Você não pode fugir a isso, mas a gente pode perfeitamente adaptar no sentido de atualizar, localizar em outra situação e isso é perfeitamente válido, desde que contribua para a divulgação e para que mais pessoas conheçam o texto que você está traduzindo.

Escolhe-se para traduzir os textos dos quais se gosta e também aqueles em que surjam a oportunidade de eles serem encenados, desde que você ache esse texto interessante. Para traduzir uma coisa que se acha ruim, uma coisa que nos desagrade é muito chato e eu nunca fiz isso. As dificuldades são sempre relativas ao idioma e aos costumes do qual provém o texto. Eu me recordo da dificuldade que tive para traduzir *Divinas Palavras*, um texto espanhol, de Ramón del Valle Inclán, que se passa na Galícia. Esta é uma parte da Espanha que eu conheço bem hoje em dia, pois passei três meses dando aulas como professora convidada em Compostela, mas quando traduzí o texto eu não conhecia a Galícia, então eu apanhei muito, pois se tratava de uma variedade de espanhol próprio da Galícia, de coisas próprias dos lugares que eu não conhecia.

Nestes momentos é preciso que se tome muito cuidado, a gente tem que se informar muito bem, quando não se sabe deve-se perguntar às pessoas do lugar, às pessoas que dominam mais vários aspectos, não digo só o idioma, porque não é apenas uma questão da língua, mas também as tradições e costumes do lugar, para que se possa encontrar boas soluções de tradução.

É muito difícil, por exemplo, traduzir canções. Foi uma das dificuldades que eu tive no *Hair* que foi, talvez, a tradução mais conhecida e a mais bem-sucedida que fiz. Na década de 60, *Hair* foi um espetáculo que fez muito sucesso de crítica e de público, com uma longa carreira. Eu tive dificuldades na hora de traduzir as canções porque elas me obrigavam a dominar um certo ritmo, enfim, a letra que você faz em outro idioma tem que caber na música que originalmente já existia e isto não é fácil. É preciso ter muito cuidado e aí é onde a prática de poeta ajudou bastante.

Adaptar é uma coautoria, sim, traduzir também, em certos casos. Eu traduzi *A Vida é Sonho*, de Calderón de La Barca, que foi um bom espetáculo dirigido por Gabriel Vilela e protagonizado por Regina Duarte. Esta é uma peça toda em versos, versos rimados algumas vezes, então é muito difícil, foi um trabalho duro de realizar, eu demorei bastante, fazendo experiências, até conseguir o que queria. Portanto é com certeza uma coautoria, mas a gente tem que tomar cuidado para não trair o autor, para não dizer uma coisa que o autor não disse, esse é o único pecado que um tradutor e adaptador não pode fazer: trair a idéia central do autor original.

Fiz também as traduções de *Lulu*, de Frank Wedekind, e de *Dames at Sea*, um musical que eu traduzi como *Mulheres a Bordo*, mas que não teve muita aceitação do público. Traduzi *Simon*, do autor venezuelano Isaac Chocron, que foi encenada com a direção do Abujamra. Traduzi ainda *Topografia de um Desnudo*, uma peça chilena muito boa cujo autor é Jorge Dias que foi encenada algumas vezes. Uma tradução que foi muito importante para mim foi do texto *Divinas Palavras*, do autor espanhol Valle-Inclán, do final do século XIX, começo do século XX, contemporâneo de Garcia Lorca. Este texto é maravilhoso e teve duas ou três montagens, todas muito bem sucedidas. Meu projeto mais próximo é fazer uma nova tradução da *Celestina*, peça famosa do repertório espanhol, que tem um excelente papel para uma atriz numa idade mais madura. Eu tenho muita vontade de realizar este trabalho porque este texto comporta ainda uma adaptação, pois é muito grande e cheio de personagens que podem ser cortados, porém com muito cuidado.

Neste momento o que está me encantando, me empolgando e me fazendo pensar é a edição de meu teatro completo que deve sair neste ano de 2005. Eu tenho a esperança de que este projeto se concretize e seja uma coisa boa e, principalmente que seja algo que eu possa deixar como um documento, um relatório de tudo o que fiz ao longo da minha vida em termos de teatro.

Três livros meus foram dedicados à dramaturgia, o primeiro se chama *Introdução à Dramaturgia*, o segundo foi *Construção do Personagem*, ambos publicados na década de 80, e o terceiro, *Dramaturgia de Televisão*. O primeiro livro teve uma segunda edição e, em 2005, uma nova edição, a terceira, revisada e ampliada, *O que é Dramaturgia*, publicado pela Editora Brasiliense.

É muito curioso que estes livros sejam muito procurados por estudantes, professores uni-

Renata Pallottini

O QUE É DRAMATURGIA

editora brasiliense

versitários, pessoa interessadas neste assunto. Existe pouca coisa no Brasil sobre dramaturgia. São poucas as pessoas trabalhando a sério nisso e nem todas escrevem, a maioria dá aulas e faz oficinas, com muito êxito e realiza um trabalho muito bom, porém pouca gente escreve à respeito, entre estas estou eu e por isso estes livros têm dado certo e ainda estão circulando. Eu tenho me dedicado a este tema, feito palestras, dado entrevistas a jornais e revista, atendidos a solicitações de alunos de pós-graduação que estão fazendo teses sobre televisão e é um assunto que eu gosto de tratar.

Capítulo VII

O "Eu" Poeta

"Alguma parte da vida do poeta está sempre voltada para outras vidas. São estas a vida das plantas, dos animais, dos outros seres humanos, da divindade. Essa parte de nós deseja sempre participar da vida dos outros seres. Queremos tocá-los, amá-los, às vezes, feri-los. É nossa forma de conhecimento. Os melhores dentre nós querem ajudá-los: levantar do chão a pedra, olhar a flor sem colhê-la, amar a Deus, talvez, mas sem obediência. Pensar a dor alheia; pensá-la, no duplo sentido da palavra. Sonhar o solo do ser humano como a terra da justiça, da abundância, do amor e da alegria."

Pensando um pouco sobre a poesia. Minha vida de poeta é um capítulo à parte do meu fazer literário e artístico, pois na poesia eu me realizo com plenitude. Entregue à modesta prática da Poesia, não pensava ter de voltar, já tão tarde, às indagações dos primeiros princípios e das últimas causas.

A partir de algumas observações lidas ultimamente, eu volto aos tempos de estudante de Filosofia, aquela época feliz em que as escavações no terreno da teoria e do pensamento abstrato estavam permanentemente chamando-nos às falas. Para longe os simples prazeres e afazeres do dia a dia! Kant nos esperava atrás da porta. Mas vamos lá: com as ressalvas de praxe, pensemos um pouco. O que é, para mim, poesia e, mais propriamente, o que é poesia lírica?

Poesia eu escrevi sempre, provavelmente desde que eu comecei a escrever, porém devia ser uma bobagem e eu joguei tudo fora, não devia ter qualidade nenhuma, eu não sabia nem mesmo o que era que eu estava fazendo. Eram confissões, digamos assim, que quase todos os jovens da minha geração faziam e que hoje é feito de outras formas, através do computador e de canções.

Procurando na sabedoria dos antigos sinto que iniciar com Platão é um começo infeliz; Platão diz que a poesia (e toda ela, não apenas a lírica) imita (recria) a parte passional da alma, aquela que está mais afastada da sabedoria. O poeta faz a imitação da imitação e, por conseguinte, só da aparência. Como tal deve ser banido da república.

Afortunadamente, Aristóteles é menos cruel; no 1° capítulo da *Poética*, trata, de passagem, da poesia lírica. Citarística, segundo Aristóteles; poesia para ser cantada, valendo-se dos recursos de melodia e ritmo. Mas uma poesia que diria o quê? Com recursos melódicos muito especiais, falaria a poesia dos mais íntimos movimentos da alma. Poesia do subjetivo, portanto, contraposta à épica, narrativa, e ao drama, de conflitos e ação.

Todavia, em Hegel, filósofo idealista do século XVIII, fui buscar mais compreensão da poesia lírica: *"...a encarregada de revelar à consciência o poder da vida espiritual, as paixões que agitam a alma, os afetos do coração humano, os pensamentos que se sucedem na consciência do homem; em uma palavra, o domínio inteiro das ideias, dos atos, dos destinos humanos, todo o acontecer deste mundo e o governo divino do universo."* (Poética, Espasa-Calpe, tradução e grifo nossos).

Assim, embora caracterizada como expressão do subjetivo, dos estados de alma e das emoções e sentimentos humanos, ou até mesmo por isso, a poesia lírica não se pode caracterizar apenas como pura versão de amores contrariados, de emoções individuais e privativas, sem ressonância ou importância para o conjunto social no qual se inscreve. Ela é e tem sido, através dos tempos, denúncia, arma de combate e palavra modificadora.

Eu penso em alguns poetas e suas obras, aos quais admiro, pois seus poemas são verdadeiras armas transformadoras e denunciadoras das condições individuais e sociais de sua época. Lembro sempre, por exemplo, da influência que, sobre as condições carcerárias no seu tempo e depois, e ainda sobre a abolição da pena de morte, exerceu, na Inglaterra e no mundo, a *Balada do Cárcere de Reading* (*The Ballad of the Reading Gaol*) obra de Oscar Wilde, e escrita, ao que consta, já no exílio francês, após a prisão de seu autor, por dois anos, com trabalhos forçados, na prisão mencionada. Gosto muito destes versos:

"...Ninguém que eu tenha visto
Teve olhos mais perdidos
Sob a pequena mancha azul
Que é o céu para os bandidos
E sob as nuvens prateadas
Com seus velames idos.
Andei, com outros penitentes,
Num círculo fechado
Pensando sobre o crime
Daquele condenado
Quando uma voz me disse:
'esse será enforcado'.

...

"É doce a dança com violinos,
é bom viver e amar .
Ao som de flautas e alaúdes
Livre, poder dançar.
Mas não é doce, com pés nus
Dançar solto no ar! "

(*The Ballad of Reading Gaol,* 1897 – tradução nossa)

Sinto-me comovida com os versos de Garcia Lorca, especialmente os que compõem o *Romancero Gitano*, nos quais ele denuncia, com extraordinário vigor e força lírica, os excessos e arbitrariedades que, em relação aos ciganos, aos pobres e a outras minorias eram cometidos pela Guardia Civil espanhola. Exemplo, do *Romance de la Guardia Civil Española*:

"Os cavalos negros são.
As ferraduras são negras.
Em suas capas reluzem
Manchas de tinta e de cera.
Têm, e por isso não choram,
De chumbo suas caveiras.
...
Os sabres cortam as brisas
Que seus cascos atropelam.
Pelas ruas de penumbra
Fogem as ciganas velhas
Com os cavalos dormidos
E potes cheios de moedas.
Pelas ruas empinadas

Sobem as capas funestas
Deixando pra trás fugazes
Redemoinhos de torqueses.
...
Rosa, filha dos Camborios
Geme, sentada à soleira,
Com seus dois peitos cortados
Postos em uma bandeja."

(*Romancero Gitano* – tradução nossa)

Igualmente significativos, para mim são os poemas de Walt Whitman relativos à dignidade do ser humano e sua liberdade, em todos os sentidos, os poemas libertários de Castro Alves, os indianistas de Gonçalves Dias e obras de Fernando Pessoa, Sophia de Mello Breyner Andresen, Cesar Vallejo, Pablo Neruda, Rafael Alberti e muitos outros.

Enfim, sinto-me tocada por esses e outros poetas que sem dúvida contribuíram para estimular o debate de ideias, refletiram o seu país e sobre o seu país, lutaram contra a opressão e, principalmente, dignificaram a produção da obra de arte, em caráter nacional e universal.

Sem pretender me comparar a estes grandes mestres, a minha poesia tem um pouco de vivência pessoal, que imita o lado passional da minha alma, mas também do ser revolucionário que habita em mim e busca a transformação das condições em que vivemos e as quais vivenciei ao longo destes anos como artistas, professora, dramaturga, escritora, e claro, poeta.

"Carregar esta pena como um instrumento
carregar este instrumento como um castigo
carregar este castigo como uma pluma"

Falar de mim como poeta, analisar minha poesia e a mim própria e meu processo de criação implica enfrentar a dificuldade de compreender que o pouco que sabemos de nós mesmos é sempre discutível e ultrapassa a tarefa de procurar enumerar momentos, modos e preferências pessoais no decorrer do trabalho de criar.

Inicialmente, saberá o poeta de fato o que, quando, como e por que se sente inclinado a produzir? Saberá de fato em que consiste sua poesia? E, mais, para que a faz?

"Fazer como se já estivesse feito.
Como se fosse Deus o inventor.
Verdade e erro numa mesma sorte.
Vida como se não houvesse Morte.
Amor
como se só existisse
o Amor."

A sensação de fazer como se já estivesse feito é, na verdade, constante; como poeta eu sinto que alguma coisa jaz no fundo do limbo de todas as coisas. E a mim cabe a qualidade de ser capaz de, apenas, recolher o material que já está pedindo para ser escrito, descrito.

Mas isso não é sempre; nada é sempre. Nada é completamente, como nada é nunca. Existem muitas formas de ir atrás do que se pensou, sentiu e colheu na memória.

Alguma coisa te provocou a sensibilidade, te irritou a pele da alma: nesse momento é preciso ir atrás do que te irritou – a irritação concebida como algo que pode ser negativo ou positivo – e tentar concebê-lo em palavras, porque é de palavras que o poeta vive.

Aquilo que chamei de irritação pode provocar e reagir num campo puramente pessoal, de emoção, digamos, particular. O ser, capaz de atuar pela produção de palavras, reage ao amor individual, à paixão, à beleza imprevista, ao abandono. Mas pode, também, reagir ao que golpeia a sensibilidade no que ela tem de solidário, no que ela tem de ser humano entre os demais seres humanos.

Essa irritação, esse ferimento da sensibilidade leva ao impulso daquilo que se poderia chamar talvez, inicialmente, anotação. Sairá daí, algum dia, algum poema? Ninguém, muito menos o poeta, sabe. Sua obrigação, contraída consigo próprio no dia em que decidiu que escrever era seu oficio, sua medicina e sua sina, é escrever as primeiras palavras.

Às vezes, por sorte minha, o poema permanece como foi escrito pela primeira vez; as anotações não eram tal e o poema queria permanecer como o resultado primeiro do ferimento. Há muito de surpresa em reencontrar, passado o tempo, um poema que havia nascido sem maiores cuidados e que se revela, agora, pronto para existir.

Contudo, deixar dormir a primeira versão tem sido, para mim, sempre salutar; a grande maioria dos poemas que escrevi assim não chegou a ser conhecida por ninguém, porque não o merecia. Claro está que, num primeiro momento da minha vida concreta, eu estava buscando a mim própria e cometi muitos erros, sem ser capaz de identificá-los. Por isso é que, talvez, muita obra da juventude dos poetas é, depois, razão de embaraço para o artista. Mas é também verdade que todo caminho começa nos primeiros passos.

Deixar dormir o poema e depois voltar a encontrá-lo. O trabalho posterior é, às vezes, muito grande; e, ás vezes, completamente inútil.

Mas nem sempre aqueles apontamentos podem também se revelar, afinal, um material que foi colhido (no chão de palavras) em boa hora e de bom lugar. Às vezes, eu levo anos nesse trabalho de lapidação, mas vale a pena ou, pelo menos, vale a pena para o poeta, seu oficio e sua alegria.

Para poder retrabalhar aquele material, é preciso tentar recriar, agora de uma forma que se poderia dizer artificial, o momento primeiro do estímulo produzido. Usei a palavra artificial, que coisa poderá ser chamada natural em todo esse processo? A poesia, naturalmente, é um produto de artifício, como o é toda arte. Faça-se a ressalva do jogo de palavras, algo que também é, muitas vezes, matéria do poeta.

Portanto, a um ferimento, compreendido como estímulo não necessariamente sangrante, eu reajo, procurando encontrar no meio do material existente, no fundo de todas as coisas, as palavras que irão servir para eu expressar, desenhar, esculpir, dizer a forma de meu ferimento.

LUA
Eu digo lua
como quem
não diz nada
como quem
subitamente
disco de prata
se iluminasse.

Minhas primeiras tentativas no campo da poesia não obedeciam a nenhum plano, surgiam uma a uma, como que por acidente, respondendo a provocações também incidentais: uma visão, uma experiência, uma lembrança, um desencanto. Da coleção desses testemunhos escritos podia surgir um livro, quase sempre muito pequeno e modesto e a essa fragmentação se acrescentaria a dificuldade de, efetivamente, publicá-la.

Assim, meus primeiros livros são coletâneas de fragmentos, de poemas soltos e sem nenhum elo que lhes desse unidade, a não ser a origem da autoria.

Mas logo surgiram outros que, não por serem assim, eram melhores ou piores, são apenas livros que respondem a um projeto, que são planejados e que giram em torno de uma ideia central, de um motivo unificador.

Assim, *Acalanto*, de 1952, *O Cais da Serenidade*, de 1953, *O Monólogo Vivo*, de 1956, *A Casa*, de 1958, foram meus primeiros livros, conjuntos de poemas soltos, coletâneas que não tinham nenhuma intenção unificadora. *Nós, Portugal*, no entanto, livro publicado em 1958, já era diferente, foi inteiramente dedicado a rever, sentir de novo e escrever uma viagem que eu fiz em 1957 (com todas as minhas impressões, visuais, emocionais, até sentimentais) e destinado a ser publicado, como o foi, em Faro, Portugal.

Igualmente planejados foram *Livro de Sonetos*, de 1961, com sua temática bíblica e sua forma fixa e, mais tarde, *Coração Americano*, de 1976, um livro todo projetado para contar a América do Sul, como o seria *Cantar Meu Povo*, de 1980, *Esse Vinho Vadio*, produto de uma viagem à

Grécia e, finalmente, *Praça Maior*, um livro que reunia poemas que escrevi sobre a Espanha.

Planejados e, além de tudo, pouco confessionais; conseqüência lógica da escolha de temas que estavam *"fora"* do poeta, terras estrangeiras, quase sempre a Europa, esse encantamento antigo, a América Latina, esse novo encantamento.

Mas existe essa temática *"de fora"*? Claro que este é apenas um modo de dizer. A Espanha de *Praça Maior* é a minha Espanha, a que não se repete e que, aliás, não existe. O povo cantado é aquele que eu vejo e sinto através do povo concreto, verdadeiro, de um determinado lugar e época. *Esse Vinho Vadio* foi precedido de uma viagem de avião embebida em vinho tinto, que modificou e condicionou minha visão. *Coração Americano* só poderia ter sido escrito em conseqüência da revolução cubana e da situação brasileira dos anos 60 e 70, com tudo o que isso significou de pessoal e participativo. Tudo é subjetivado, como já se disse mil vezes com relação à poesia lírica, *"... o mundo, a natureza, os deuses, são apenas evocados e no-*

meados para, com maior força, exprimir a tristeza, a solidão ou a alegria da alma que canta", diz Anatol Rosenfeld em *O Teatro Épico*.

Assim, o não confessional se transforma em uma espécie de confissão metafórica e duplamente metafórica, na verdade, a *Praça Maior* de Madrí é a alegria, as colunas gregas são o passado familiar, a origem, *O Povo* é o meu desejo de felicidade e ordem.

Ordem, aliás, é uma palavra mágica, pois como poeta, quero sempre ordenar o caótico, dar forma clara às intuições e suspeitas, entender, para depois voltar a sugerir o que já fora sugestão. O que o poeta quer é dialogar com muitos, com todos. Eu escrevo para fazer contacto, para tocar o outro e me sentir tocado. O poeta quer e não quer a solidão. Precisa dela como de *"um quarto seu"*, palavras de Virginia Woolf, para ter espaço, intimidade e tempo de produção.

Mas não a quer depois de ter produzido, aí se passa à segunda fase, aquela em que o contacto é necessário, vital. É quando o escritor pensa em publicar, fazer público o que produziu. Para quê? Poder-se-ia perguntar. Para sentir-se vivo e comunicante, para saber que se é um ser humano entre outros, para dizer o que lhe parecia caótico, matéria a que tentou dar ordem e, finalmente, para ser amado.

O deus do Teatro, Dioniso, está sempre presente nessa relação dialética: o dionisíaco e o apolíneo (desde a contradição nietzschiana) presidem, pode-se dizer, toda a produção artística. A ebulição, a embriaguez e a exaltação dionisíacas têm de ser conformadas pelo equilíbrio, pela mesura apolínea. É certo, no entanto, que muitas vezes a presença do apolíneo me tem incomodado ao longo do caminho, pois é mais entusiasmante, até mesmo na origem grega da palavra abandonar-me à festa, deixar que o vinho borbulhe na minha taça. O desejo de me conter é doloroso e parece, de quando em quando, restritivo, castrador.

E, aliás, no mundo essencialmente desordenado que nos foi dado para viver, as manifestações da desordem constantemente me apresentam, fustigam, provocam. Minha necessidade de ordem reflete-se, muitas vezes, na recusa a algumas formas caóticas de expressão, presentes no mundo contemporâneo. A *pichação* de paredes, por exemplo, acintosa forma de recusa da palavra expressiva e comunicante, opção pelo signo de nada, ou por um signo de tal forma código que fica restrito a poucos e parece nada mais que uma tentativa de abolir a aparência pobremente harmoniosa dos muros da cidade.

Alguém já disse que eu uso, na minha poesia, expressões quotidianas, que serviriam para a criação do impacto no contexto poético. Suponho que isso sirva a criar o inusitado que é, sempre, a surpresa enriquecedora do poema.

Também se disse que eu me utilizo muitas vezes de um tom satírico – dicacidade, mordacidade – para atingir um determinado fim expressivo e poético. Vem-me a vontade de reproduzir um poema recente:

Mulher Longeva

Quando nasceu menina
O avô disse: "que pena".
Cresceu, apesar disso,
Uma criança morena.
Conseguiu completar
O quarto ano do grupo
Ajudava na casa.
E se acabou o estudo.

Casou jovem e virgem
Não lhe valeu de nada.
Fez docinhos caseiros,
O marido a espancava.
Também fez seus três filhos.
Para não fazer mais
Aceitou coito oral,
Aceitou coito anal,
Aceitou coito anal,
Aceitou coito anual.

Hoje aos setenta anos
Faz fila em hospitais
Recebe uma pensão
De cem reais mensais

E está aí sobrevivente
Incomodando o presidente.

Esse tipo de poema, que não se assemelha em quase nada aos primeiros exemplos, vem trazer à baila o uso da palavra simples, comum, quotidiana, o tema, contemporâneo, local, vizinho à sensibilidade do poeta, e a intenção clara de denunciar uma situação de injustiça social, usando até mesmo expressões que, convencionalmente, se chamariam grosseiras, mas que escolhi adrede, para chocar e despertar.

Mas outros temas são tratados, e os mais universais dentre eles: o amor e a morte, a vida e o seu contrário. O grande princípio da Vida desafiando o seu oposto. O poeta é o grande combatente na batalha contra a morte. Na medida em que constrói permanentemente, o poeta odeia a destruição, sobretudo a destruição do ser humano. Por isso tantos poemas sobre o amor, sobre o amor eterno, sobre o amor que sobrevive à morte.

Também, em algum momento, o grande desafio do diálogo, da interação, da expressão do conflito me chamou a fazer teatro.

Era a tentativa de falar (com palavras faladas) a mais gente, a um número maior de pessoas. E também de lhes falar diretamente, no momento presente, e presentes no momento. A pessoas vivas e próximas, enfim. O dramaturgo pode efetivamente tocar o seu público, fisicamente fazer contacto com ele, coisa que raras vezes é dada ao poeta lírico. O dramaturgo faz amor com seu público.

Mas, no teatro, *"verba volant"*. A literatura dramática, já o sabemos, não é ainda teatro. Às vezes, não chega a sê-lo e, às vezes, não chegou nem mesmo a existir, caso das peças de teatro de determinadas épocas da História, que só se realizavam em cena, partindo de um mero roteiro ou argumento.

O teatro contemporâneo, aliás, determinanado como toda arte contemporânea, pelo tempo do caos, da fragmentação e da irracionalidade, vem se tornando cada vez mais um teatro de sugestões, de sensações, da refutação do lógico e do conceitual.

E tem optado, muitas vezes, pelo caminho do lírico, até na sua vertente absurda e *non sense*. Tem escolhido ser, muitas vezes, teatro poético.

Nessas condições, nada melhor para um poeta lírico, dramático ou épico, do que escrever dramas líricos. Perdido, por força da passagem do tempo e do caminho da experiência, o medo à inação, à ausência de uma história linear, lógica e cronológica, o poeta pode, enfim, ousar tudo. Põe de pé, vivos, os personagens de sua interioridade subjetiva e os faz falar, dialogar e até interagir de forma muito especial. Não é a isso que se chama *"conflito interno do personagem?"* Não é isso que faz Shakespeare no monólogo de *Hamlet*? Pode-se, enfim, personificar o desejo de ser e o de não-ser, dividir em dois personagens diferentes aquilo que, no bardo, era a angústia da fragmentação de uma só pessoa. Os dramas líricos do teatro poético estão aí.

Com toda a simplicidade eu escrevo em qualquer lugar e a qualquer hora. Posso fazer anotações manuscritas no meio da noite, em um caderno qualquer que esteja guardado na mesa de cabeceira. Posso fazê-las também, da mesma forma, durante uma reunião burocrática, como outras pessoas fazem com seus desenhos cabalísticos. Outrora escrevia, às vezes, numa velha máquina datilográfica. Hoje, pode me acontecer de escrever poemas no computador que, até, me ajuda muito a guardá-los, revê-los, trocar palavras e organizar figuras.

Nunca deixei de escrever, por felicidade. Não tive até hoje, que Deus me guarde, crises de esterilidade. Só não escrevo, em geral, quando faço grandes viagens. Parece que, nesses casos, estou bebendo muito e vivendo com grande intensidade. Nesses casos costumo fazer uma espécie de diário singelo, onde ponho tudo que mais me impressionou. Depois, sim, depois as viagens frutificam.

A mim me parece, finalmente, e o tenho dito algumas vezes de brincadeira, que escritor é aquele que escreve poesia, prosa, drama, diferentes momentos e conteúdos, diferentes motivações determinando o gênero. Tudo igualmente válido, com um resultado que pode ser mais, ou menos feliz. A maior ou menor felicidade na execução serão resultado de sorte, trabalho, talento. Eu disse talento? Desculpem.

Jaboticabeira

Meu tronco contra o teu
corpo de árvore
tuas raízes
contra a minha tarde
meus olhos tua água necessária

eu sei que a seca é muita
companheira

conta comigo
eu conto com teu fruto.

Conta-me tudo.
Eu te conto
O meu luto.

Às Mães e Aos Pais de Um

Às mães, em sua natureza de água
e aos pais, na sua certeza de árvore.
E a Um, que é sempre frágil,
quando nasce, tão quase inacabado.
Um busca sempre a carne pra sugá-la
mas se engana quem pensa
que procura um orgasmo.

Um busca a explicação e o complemento
a razão do seu riso, de sua fome.
Um sabe bem que o inauguraram
provavelmente antes do tempo
para errar de muitos jeitos.
E quer logo saber
que castigo, afinal,
é o que vai receber.

Ou é mais audacioso e decidido
e quer provas de amor
talvez beijo mais límpido.
Um sabe que isso vai garantir sua vida
nos próximos três anos e três dias.

Os pais e as mães se separam e vivem,
são bons, cruéis, devassos, possessivos,
ou, mais singelamente,
largam de mão seus filhos
pois afinal não é assim que fazem os bichos?

Ou muito mais singelamente ainda
sacrificam suas vidas
seu sexo, suas noites e seus dias
para que um, por fim,
possa ser infeliz alegremente ou não
mas cheio de sentido.

Ser humano cabal sujeito a artes inversas:
coração encerrado entre costelas.

Capítulo IX

Minha Experiência na Televisão

Eu comecei a trabalhar em televisão praticamente antes de fazer teatro, em 1961, quando ainda era aluna da Escola de Arte Dramática. Estávamos, Lauro César Muniz, eu e mais alguns colegas fazendo um curso de dramaturgia na EAD, quando foi lançado um teleteatro no Canal 9, TV Excelsior, com direção de Ademar Guerra e Antunes Filho. Eles nos pediram textos e nós mandamos, o Lauro e eu. Os textos que mandei foram: uma versão curta do *Crime da Cabra*, que depois estreou em teatro em 1965, e um outro texto original escrito para esta oportunidade que se chamava *Tensão*. Ambos foram ao ar com direção destes dois diretores, sendo que foi o Ademar quem dirigiu o Crime da Cabra. Ademar Guerra era um grande amigo que me incentivou e apoiou meu trabalho tanto na televisão quanto no teatro. O resultado deste nosso primeiro trabalho foi surpreendente, Lauro e eu recebemos boas referências e ganhou-se um pouco de dinheiro, o que foi muito bom para nós, começar sentindo o gosto de escrever para um veículo, para um meio como a televisão que rendia, não só em termos de dinheiro, mas também em audiência, porque as pessoas viam e ouviam o programa e davam um retorno.

A primeira coisa que me aconteceu depois desta experiência no teleteatro foi ser convidada para fazer um programa para a TV Bandeirantes, sob a direção de Ademar Guerra. Eu não me lembro exatamente o nome do texto, mas pelo que sei foi a estreia da Joana Fomm, ainda na década de 1960.

Então, fui novamente convidada pelo Ademar para fazer parte do grupo dos criadores e realizadores do programa infantil *Vila Sésamo*, criado e levado ao ar na década de 70, mais precisamente em 72. *Vila Sésamo* era um programa adaptado de um original veiculado no Estados Unidos, que o Cláudio Petraglia viu numa viagem que fez àquele país, do qual gostou e comprou os direitos autorais para fazer uma adaptação para a televisão brasileira. *Sesame Street*, como era chamado o original americano, já tinha sido testado em vários outros países, inclusive latinos e estava dando muito certo, por ser uma ideia muito boa, uma mescla de divertimento, lazer, mas com uma proposta pedagógica, muito bem planejado e executado. Os autores americanos de *Sesame Street* faziam questão de acompanhar o programa onde quer que ele fosse produzido para se certificarem que sua realização era compatível com os originais. Eles vieram ao Brasil, viram o programa já editado e no ar, e consideraram que podíamos continuar, confiando em nossa realização.

Sesame Street passou a ser chamado de *Vila Sésamo* e conservamos a ideia inicial de se fazer o cenário do programa em uma rua onde se reuniam famílias, mescla de raças, onde conviviam negros, latinos, pessoas da pequena classe média e, naturalmente crianças. Havia um personagem principal, um bonecão muito simpático, que lá nos Estados Unidos se chamava *Big Bird*, pássaro grande, e aqui nós denominamos de *Garibaldo*. Cláudio Petraglia inventou este nome e era muito engraçado. Este papel era feito pelo Laerte Morrone, que era um grande ator e um grande amigo, recentemente falecido. Foi muito bom fazer *Vila Sésamo*. Ele era gravado nos estúdios da TV Cultura e veiculado por esta televisão, como também pela TV Globo. É claro que, na Globo, o programa tinha maior penetração e maior audiência e foi um grande sucesso. *Vila Sésamo* foi reexibido inúmeras vezes e até nos dias de hoje é considerado um modelo de programa infantil, bem em contraposição aos programas atuais, questionáveis do ponto de vista de sua proposta e da qualidade do conteúdo apresentado.

Vila Sésamo tinha textos originais meus e de Chico de Assis, era dirigido por Ademar Guerra e no elenco estavam grandes atores e atrizes como Aracy Balabanian, Armando Bogus e a Sônia Braga que estava começando sua carreira em televisão e cinema.

Com Laerte Morrone, o Garibaldo, em Vila Sésamo

Tudo isso era entremeado com cenas oriundas do original, com bonecos que eram dublados aqui, e cenas que nós criávamos para veicular o conteúdo pedagógico, desde higiene, gramática, aritmética, geografia, história, todo tipo de ensinamento próprio para crianças pequenas. Este conteúdo era concebido de uma maneira visual e com cuidado para não ser chato, porque o grande problema do programa didático é ele ser maçante. Se ele for chato a criança se desinteressa, se distrai e passa a fazer uma outra coisa, e aí não adiantava nada ter trabalhado tanto para depois não conseguir alcançar o público alvo que eram as crianças. Para nós foi uma grande alegria trabalhar com essa equipe, com Ademar, Bogus, Petraglia e inclusive entre nós, Chico de Assis e eu, com aquele elenco e um grupo de psicopedagogas, três ou quatro moças, que eram responsáveis por nos dizer se o que nós estávamos fazendo do ponto de vista pedagógico e de divertimento era apropriado para a faixa etária das crianças que nós queríamos atingir. É claro que a gente entende de dramaturgia e tem bom senso, mas nós não tínhamos conhecimentos específicos da área de educação, psicologia e pedagogia que estas profissionais dominam, então elas nos supriam com sua orientação.

Havia uma coisa curiosa na realização do programa *Vila Sésamo*. Apesar da grande liberdade de ação que nós, os realizadores e autores tínhamos, havia um censor federal, chamado Wilson Aguiar, de plantão no *set* da gravação e nos escritórios onde a gente se sentava para escrever, o que fazíamos no próprio estúdio da TV Cultura. Ele era pai de Wilsinho Aguiar que depois veio a trabalhar comigo como dramaturgo em televisão. O seu Wilson Aguiar era um gentleman, um cavalheiro, um homem muito bem-educado, mas não deixava de ser um censor atento ao nosso trabalho, caso nós estivéssemos fazendo, ou escrevendo alguma coisa que fosse considerada ofensiva à segurança nacional, porque de imoral não existia nada, pois não tinha entre nós nenhum louco que pensasse em fazer algo imoral para um programa infantil.

Se bem que eu acho que hoje em dia existem alguns programas infantis que são imorais. Nós estávamos em plena ditadura, nos anos 70, mas de qualquer maneira, com ou sem censor, a empreitada de *Vila Sésamo* foi uma coisa deliciosa, um projeto vitorioso, e eu o considero uma das boas lembranças que tenho do meu trabalho na televisão brasileira.

Minha experiência posterior foi um pouco mais complexa. Carlos Queiroz Telles, que foi um grande amigo, já falecido, havia projetado uma adaptação dos *Irmãos Karamazov*, de Dostoievski, para televisão e tinha feito um grande esquema cronológico, um plano de ação dramática, de conflitos, uma espécie de mapa, pois ele era muito organizado e havia planejado tudo. O Carlos desejava transformar em telenovela a estória de um crime e o desenrolar da investigação para desvendar este crime. Só que ele estava se recuperando de um infarto e, naturalmente, estava muito cuidadoso com seu estado de saúde, portanto não podia fazer um trabalho braçal tão continuado e tão grande como o de escrever uma telenovela, que tem em média de 150 a 180 capítulos, apesar de algumas chegarem a ter 200. Como Carlos Queiroz havia feito um estudo detalhado do romance original e planejado todo o roteiro, em termos de cronologia, de avanço da estória e da ação dramática, ele me propôs uma parceria. Esta forma de escrever uma telenovela não era comum, como ocorre hoje em dia, em que, em geral, há mais de um autor trabalhando no texto. Apesar do inédito da proposta nós dois trabalhamos com a anuência e apoio do Antonio Abujamra, que é outro grande amigo. Nós fizemos a adaptação dos *Irmãos Karamazov* para uma novela da TV Tupi, que se chamou *O Julgamento*. Naquele tempo, meados da década de 70, a TV Tupi ainda era a grande produtora de telenovelas, apesar de já está começando a enfrentar algumas dificuldades, as quais logo depois nós iríamos constatar e que redundariam no fim daquela emissora.

Carlos me apresentou seus planos iniciais, uns mapas quadriculados nos quais cada quadrinho equivalia a um capítulo, onde ele anotava o desenrolar da ação, o passo adiante da trama. Este seu esquema ajudou muito a realizar este trabalho que foi um enorme desafio para nós dois. Eu lembro que às vezes, no meio do caminho, eu me cansava demais e então pedia a ele uma semana de folga, e ele tomava a responsabilidade de escrever os capítulos. Mas com exceção de uns vinte capítulos que o Carlos escreveu, o resto todo foi escrito por mim, sozinha. A direção era do Edison Braga, o elenco era encabeçado por Eva Vilma e Carlos Zara, e trabalharam também Cláudio Corrêa e Castro, Tony Ramos, Adriano Reys, Ewerton de Castro, Elaine Cristina e Kadu Moliterno que estava estreando na televisão, além de vários outros atores e atrizes que fizeram dessa novela um trabalho digno. *O Julgamento* teve um sucesso muito bom para a época, para o nível de audiência do momento, apesar da série de problemas e dificuldades que a TV Tupi estava enfrentando, inclusive com a concorrência da TV Globo.

Foi daí que veio uma amizade muito boa minha com o Carlos Zara, falecido recentemente, e uma amizade que perdura até os dias de hoje com Eva Vilma a quem admiro muito como atriz e como pessoa. Houve um momento que Zara teve que assumir a direção, inclusive do departamento, e teve que dividir seu tempo entre o trabalho de ator e o administrativo, o que fez com sucesso, pois ele era um grande empreendedor, um homem seguro, com vontade de produzir e de trabalhar e tinha um grande caráter. Eu tenho dessa temporada uma lembrança muito boa, inclusive eu costumava ir aos locais de gravação para tomar o pulso do negócio e também para aprender, pois era a primeira telenovela em que eu trabalhava. As cenas externas eram gravadas num lugarzinho chamado Araçariguama, um vilarejo encantador que, por algum milagre da natureza, era bastante perto de São Paulo, na Rodovia Castelo Branco. A gente rodava menos de cinqüenta quilômetros, virava à direita num caminho de terra e encontrava uma vila bem conservada no tempo, com uma igreja antiga, umas casas igualmente antigas e umas fazendas. Parecia que nós entrávamos em outro mundo, quando na verdade estávamos tão perto da cidade de São Paulo.

Escrever *O Julgamento* foi muito bom para mim, apesar de ter sido um trabalho intenso e esgotante porque eu tive que realizá-lo praticamente sozinha. Carlos Queiroz estava sempre disposto a conversar comigo, a trocar idéias, a me dar sugestões e, como eu disse anteriormente, a me ajudar quando acontecia da coisa ficar muito pesada, mas de qualquer forma o trabalho de fazer os capítulos, que é uma tarefa muito séria, pois implica escrever trinta e cinco a quarenta páginas por dia, esse trabalho era meu e a responsabilidade minha. Foi uma grande experiência, porém, eu aprendi bastante sobre dramaturgia, telenovela, televisão e teleficção de um modo geral. Esta experiência serviu para que eu conhecesse melhor e de uma forma definitiva, que me serve até hoje, a estrutura de uma telenovela, todo o trabalho que ela implica, o cuidado que se deve ter na distribuição do material, por se tratar de uma construção muito grande e prolongada, a reprodução disso para o público e a volta disso, dos telespectadores para os produtores e realizadores.

Enfim, foi com este trabalho que eu comecei a aprender realmente o que é telenovela, o que é teleficção e o que é o tratamento de um programa que depende, pelo menos 80% da resposta do público, ou seja, da audiência que hoje em dia chamamos de Ibope. Escrever uma novela é sem dúvida um trabalho delicado em que você tem que estar permanentemente pendente da opinião dos espectadores. Eu tinha algumas pessoas nas quais confiava e que me davam uma resposta relativamente ao resultado da novela. Eu me lembro de um erro grave que nós cometemos, eu por acompanhar a proposta do Carlos Queiroz e ele por ter feito a proposta, e só o Zara percebeu e nos abriu os olhos. Em certo momento o personagem vivido por Carlos Zara, Dimas, era o principal suspeito do assassinato, base de toda a estória, e ele é preso e encarcerado. A estória dos *Irmãos Karamazov* foi adaptada para se passar na contemporaneidade, na década de 1970, mas de qualquer maneira ele estava numa cadeia comum para a época e o fato de a gente ter o protagonista da estória fechado num determinado espaço sem possibilidade de ação durante muitos capítulos foi um grave erro, uma vez que a gente estava tirando dele a possibilidade de se realizar e agir. Naquele tempo eu não tinha os recursos que tenho hoje para criar um tipo de ação que fosse realizada mesmo que o personagem estivesse encarcerado.

Estou me referindo aos estudos e observações que fiz posteriormente em relação ao personagem mítico Prometeu, da tragédia de Ésquilo, *Prometeu Acorrentado*, o qual roubou o fogo dos deuses para dá-lo aos homens. Na verdade esta é uma metáfora para o conhecimento, pois Prometeu invade o domínio e o conhecimento que os deuses teriam para dá-lo ao homem. É um pouco a mesma metáfora que a gente encontra na história bíblica de Adão e Eva, na qual os dois comem do fruto do conhecimento, o que era vetado ao ser humano. Essa história do roubo da fonte do conhecimento é a base do desenvolvimento da vida humana. Prometeu passa acorrentado a tragédia inteira, porém a grande força que este personagem tem, embora esteja o tempo todo imobilizado, é sua possibilidade de dizer *"não"*. Várias vezes o perdão lhe é oferecido em troca de ele voltar atrás e assumir que havia cometido um erro ao roubar o fogo dos deuses e dá-lo aos homens, mas ele se recusa a fazer isso, ele não se desdiz, não volta atrás, não se arrepende e não aceita a oferta de Zeus. Prometeu mantém sua atitude rebelde em favor do conhecimento dado aos homens e essa é a grande arma que todo ser humano que é encarcerado, imobilizado tem: a força do seu pensamento, da sua opinião.

Mas eu ainda não sabia manusear esta força quando escrevi *O Julgamento*, se o soubesse poderia ter usado esse mesmo procedimento no caso do encarceramento do personagem Dimas. Tudo isso eu aprendi naquela ocasião e veio a me ser muito útil futuramente, inclusive para escrever a respeito de televisão. Meu livro *Dramaturgia de Televisão* se deve muito à teoria, mas, sobretudo, a experiência que adquiri fazendo esta telenovela e outros trabalhos que vieram depois.

Outra coisa curiosa que me aconteceu enquanto trabalhava em *O Julgamento*, e que só depois que eu vim a entender, era uma característica do papel do Kadu Moliterno. Naquela época, eu treinava tênis com o pai dele que era instrutor do Tênis Clube e nós falávamos muito sobre seu filho, sobre seu trabalho e sua estreia na televisão. Eu tive uma preocupação em aumentar o papel do Kadu e dar a seu personagem mais espaço e falas dentro da novela, uma vez que ele estava estreando e tinha um papel secundário. Mas o engraçado é que, sem saber porque, eu fiz com que seu personagem tivesse a mão direita defeituosa, o que fazia com que ele se sentisse intimidado, tivesse um complexo e se sentisse inferior.

Eu nunca tinha entendido porque inventei este defeito na mão do personagem do Kadu, até que anos depois, quando voltei a ver a novela, por acaso alguém passou outra vez um capítulo de *O Julgamento*, eu reparei na mão direita meio imobilizada do personagem e me perguntei porque raios eu havia inventado aquele defeito. Só então percebi que eu tinha me projetado de alguma maneira naquele personagem, tão interessada estava em fazer com que o Kadu tivesse uma caracterização psicológica bem feita e bem embasada. Acontece que eu tenho um pequeno problema na minha mão direita o qual ninguém nem percebe, mas que para mim que sou a dona do defeito, ele parece uma coisa gigantesca. Meu dedo anular da mão direita tem um defeito na falangeta e em consequência a ponta do dedo é torta, em decorrência de um acidente que sofri na infância.

Outra curiosidade da novela *O Julgamento* era um narrador inventado pelo Carlos Queiroz Telles, que é uma coisa completamente fora dos padrões das telenovelas em geral.

De vez em quando, a ação era interrompida, principalmente nos fins e princípio do capítulo, e o narrador comentava, não que ele narrasse coisas desconhecidas do público, ele não adiantava nada em termos da trama, o narrador apenas fazia certos comentários a respeito da evolução das ações e às vezes esses comentários eram sacados do texto de Dostoievski. Apesar de que nós estávamos fazendo uma novela contemporânea, com personagens brasileiros, com uma série de coisas locais, a gente nunca se afastou totalmente do texto original dos *Irmãos Karamazov*, porque a novela sempre foi apresentada como uma adaptação de Dostoievski para telenovela. Este narrador era vivido por Carlos Augusto Strazzer que o fez muito bem, pois ele era uma pessoa que despertava muita simpatia e fazia uma ligação muito boa com espectador, e o público o recebeu bem.

Isso me remete à novela *As Filhas da Mãe*, de Sílvio de Abreu, realizada em 2001, basicamente uma comédia, mas que não foi muito bem recebida pelo público. Eu gostei dessa telenovela por várias razões e pelo fato de também ter um narrador, uma espécie de comentador que abria e fechava os capítulos.

Depois desde trabalho para a TV Tupi, eu participei do grupo que fez a série *Malu Mulher*, na Rede Globo de Televisão, no fim da década de 70.

Aquela foi uma excelente oportunidade de trabalhar com um grupo muito bom e de mexer com outro tipo de teleficção, diferente da telenovela. *Malu Mulher* era um seriado. Eu costumo dividir as produções para televisão em três grupos principais: a telenovela, que é uma produção longa, fragmentada, porém continuada e é preciso que você assista a pelo menos um bom número de capítulos, senão todos, para você ter conhecimento da estória total. Um capítulo está ligado e é causa do outro, e os acontecimentos que se iniciam em um determinado capítulo vão se sucedendo nos outros até chegar a sua conclusão.

A telenovela tem normalmente de 150 a 180 capítulos, podendo chegar a 200 e apesar de ter uma sinopse bem aproximada do que vai ser a estória, de prever o andamento do conjunto das tramas principais, a telenovela vai se fazendo ao mesmo tempo em que vai sendo gravada e vai ao ar. É o que se denomina uma obra em aberto porque ela está sujeita às variações que provêm da realidade, ou seja, da crítica, das observações dos próprios fazedores da novela, dos diretores, autores, atores, técnicos, todo mundo vê a novela enquanto ela está indo ao ar e vai analisando o que está, ou não dando certo, e assim se vai corrigindo os rumos para que ela se mantenha cada vez melhor. Esta é uma das características principais da telenovela, obra em aberto, trabalho que vai sendo produzido à medida que vai sendo gravado e vai ao ar, além de sua extensão muito grande, da fragmentação em capítulos, da necessidade da expectativa ao final de cada capítulo, ou seja, de ganchos que criam suspense e atiçam o interesse dos espectadores para os capítulos seguintes.

A minissérie é outro tipo de produção, pode ser desde míni, ou quase micro, variando de três a cinquenta capítulos, como vem acontecendo freqüentemente em várias produções que a TV Globo tem realizado, por exemplo, *Chiquinha Gonzaga, Aquarela do Brasil, Rabo de Saia, Desejo, Anos Dourados, Anos Rebeldes*. A minissérie é uma obra fragmentada, porque também ela é apresentada em capítulos, só que bem menor que a telenovela, de três a cinco capítulos, ou como já houve o caso de uma minissérie que chegou aos oitenta capítulos, o que é uma exceção. Em geral sua principal diferença é que ela já está pronta quando começa a ser gravada, portanto a minissérie está menos sujeita a influências da realidade do que a novela, como também menos condicionada às questões da audiência, às pesquisas do Ibope, enfim ela sofre poucas mudanças.

Telenovelas chegaram inclusive a sofrer mudanças substanciais ao longo de sua estória em conseqüência de acontecimentos graves, como a morte de atores. Já aconteceu mais de uma vez de um ator vir a falecer durante a gravação de uma novela e ser necessário fazer mudanças drásticas, por exemplo, criar viagens repentinas para tirar seu personagem da estória, ou inventar outro tipo de recurso para modificar a trama de maneira que o conjunto não sofresse uma quebra tão grande e o espectador se ressentisse disso.

O caso mais traumático de todos que eu conheço em termos de morte numa telenovela foi o da filha da Glória Perez, Daniella Perez, em 1992, durante a novela *De Corpo e Alma*, escrita pela própria Glória. Daniella fazia o papel da personagem Yasmin quando foi assassinada por um outro ator, Guilherme de Pádua, que fazia o personagem Bira e que, na trama da novela, era namorado de Yasmin. A morte trágica de Daniella atingiu não só a personagem vivida por ela, como também o personagem de Guilherme de Pádua, seu assassino e, sobretudo a própria autora, Glória Perez, sua mãe. Na ocasião houve uma tentativa de substituí-la como roteirista, pois todo mundo achava impossível a Glória continuar escrevendo a novela depois de uma tragédia dessa, mas ela insistiu em continuar, pois essa foi a maneira que ela encontrou de fugir àquele sofrimento. Trabalhar, para Glória, foi uma forma de se ausentar e se alienar um pouco do intenso sofrimento. Naturalmente os dois personagens que haviam sito atingidos, Yasmin e Bira, tiveram que ter uma solução: Yasmin recebeu um convite para estudar dança e trabalhar no exterior e Bira simplesmente desapareceu da novela. O público ficou sabendo do desfecho porque esse era um caso policial que a população brasileira acompanhou consternada, mas aceitou bem as mudanças sem prejuízo para a audiência.

Por aí se vê como a telenovela está sujeita à realidade imediata, muitas vezes comentando os acontecimentos do dia a dia. Se acontecer da novela coincidir com alguma data especial, como Finados, Natal, Carnaval, é muito frequente que dentro da própria trama se insiram certas cenas que remetem a fatos relativos a estas datas comemorativas. A estória acaba se mesclando com a realidade de uma certa maneira.

Já no caso da minissérie isto dificilmente acontece. O único caso que me lembro foi durante a minissérie *O Sorriso do Lagarto*, baseada em um livro de João Ubaldo Ribeiro, em que o ator Chiquinho Brandão que fazia o personagem Chico Bagre morreu durante as filmagens e foi necessário um acerto na estória.

Além destas duas formas de ficção televisiva existe o unitário que é chamado também de teleteatro, ou de *Caso Especial*, na TV Globo, e que é levado ao ar em uma única exibição de 45 a 50 minutos, onde a estória tem começo, meio e fim numa mesma edição, como se fosse um conto realizado pela televisão.

E, por fim, existe o seriado. Um exemplo de seriado na programação televisiva atualmente é o programa *A Grande Família*, que é um conjunto de personagens fixos com uma ou outra inserção de personagens episódicos que podem permanecer, ou não, na estória. O seriado tem um núcleo fixo de personagens, assim como fixos também são o local e o tempo ficcional. *A Grande Família* é a estória de um núcleo familiar cujos membros se dão bem, de gente que se quer bem, mas que tem certos desencontros e colisões. Tem um tipo que é um criador de casos, o Agostinho, vivido pelo ator Pedro Cardoso; tem a mulher dele, Bebel, feita pela atriz Guta Stresser, que apesar de sofrer as contingências das maluquices do marido gosta muito dele, aliás ele também gosta muito dela; tem o casal principal da estória que são o pai, Lineu, vivido por Marco Nanini e a mãe

Nenê, por Marieta Severo; eles têm também um filho, Tuco, feito pelo ator Lúcio Mauro Filho, que vive tentando arrumar sua vida afetiva e que inclusive já teve um filho também, mas a criança desapareceu e não se falou mais nela; tinha o avô viúvo, Floriano que era vivido pelo ator Rogério Cardoso que vivia com a família. Rogério Cardoso faleceu de repente e em razão disso também este personagem teve que ter um outro desfecho. Enfim isto é um seriado.

Malu Mulher era um seriado cuja estória se passava na cidade de São Paulo e o núcleo deste seriado, a protagonista, é uma mulher bonita e jovem que se divorcia. O primeiro episódio narra a última vez em que o casal primitivo, Malu e seu marido, estão tentando resolver sua vida, mas essa tentativa não dá certo e eles têm uma última briga muito grande e acabam decidindo divorciar-se. A partir daí o seriado segue com a Malu sozinha, divorciada, com uma filha entrando na adolescência e tendo que recomeçar sua vida para poder sustentar a filha e a si própria e tentar manter o alto nível de vida que elas tinham enquanto Malu era casada. Ela vai tentar recomeçar sua vida afetiva, não propriamente procurando outro marido, mas estando aberta para a possibilidade de encontrar sua realização emocional e sexual, tanto que a música tema era *Começar de Novo*, de Ivan Lins, interpretada pela Simone.

O engraçado dessa minha experiência em *Malu Mulher* é que eu fui chamada pela Rede Globo inicialmente para participar do núcleo responsável pela realização de um outro seriado, *Carga Pesada*, que naquele momento ainda não tinha este nome. De início se pensou que o seriado iria chamar-se *Irmãos de Estrada*, eu pessoalmente acho o título *Carga Pesada* muito melhor. Eu já estava no grupo deste seriado juntamente com Walter George Durst, Dias Gomes, Gianfrancesco Guarnieri e Carlos Queiroz Telles. A gente se reuniu umas duas ou três vezes na casa do Durst para começar a pensar e imaginar como seria a estória porque tudo o que nós tínhamos até então era a idéia de se fazer um seriado com caminhoneiros.

O ponto de partida era o romance *Jorge, um Brasileiro*, de Oswaldo França Junior. É uma ideia fantástica fazer um romance sobre a vida de um caminhoneiro porque ela é aventurosa, são homens que atravessam o Brasil por terra, passam meses nas estradas, conhecem milhares de pessoas, enfrentam perigos de todo tipo, vivenciam situações curiosas, engraçadas, agradáveis ou não. Nós precisávamos pensar sobre os dois homens que compunham os protagonistas deste seriado, como seria a vida familiar de cada um, como eles seriam, já que a gente tinha escolhido os dois atores que fariam estes papéis: Stênio Garcia e Antonio Fagundes.

Eu me lembro que nestas primeiras reuniões que eu participei o grupo discutiu uma série de coisas e uma das nossas decisões foi que o personagem vivido pelo Stênio Garcia seria casado e deixaria a família e a mulher em casa para fazer as viagens, e o seu companheiro, vivido por Antonio Fagundes, não teria família, que é a situação que se mantém até hoje, mesmo na versão do *Carga Pesada* que está no ar atualmente. Fui, na verdade, eu quem batizou os dois caminhoneiros. Alguém perguntou como eles se chamariam e de repente me ocorreu Pedro para o personagem do Fagundes, que era o nome de meu pai, e Bino para o Stênio Garcia, o apelido de um colega meu de faculdade que se chamava Setembrino, mas todos o chamavam de Bino, e o pessoal gostou e ficou. Até hoje quando eu os vejo em cena eu penso *"puxa vida, quem batizou esses dois fui eu"*.

Ao mesmo tempo em que isso ocorria a TV Globo estava planejando também mais dois seriados: *Malu Mulher* e *Plantão de Polícia*, com Hugo Carvana. O fato é que Malu se passava em São Paulo e não tinha nenhum paulista no núcleo que iria criá-lo, composto por Armando Costa, Euclydes Marinho, Lenita Plonczynski, todos do Rio. Então era preciso um escritor de São Paulo para dar mais credibilidade à estória e não cair em contradições, e que fosse preferencialmente uma mulher. Daí a TV Globo me removeu do núcleo de criação de *Carga Pesada* para o de *Malu Mulher*. Eu me lembro de uma ocasião em que me chamaram para uma reunião, no Rio, daquela forma que a Rede Globo costuma fazer, ou seja, convoca você de manhã cedo e você tem que estar lá ao meio dia, sua passagem está à disposição no balcão de tal companhia aérea, e você vai. Eu fui convocada, larguei tudo o que estava fazendo e quando cheguei lá era engano, porque a reunião era do núcleo do seriado *Carga Pesada* e eu não mais pertencia a ele, mas ao grupo que estava trabalhando em *Malu Mulher*.

Nós, autores de *Malu Mulher*, Armando Costa, Euclydes Marinho, Lenita e eu nos reuníamos no Rio, na casa do Armando, e foi lá que começamos a criar Malu: suas características, sua profissão, que preparação universitária ela teria tido para que pudesse exercer uma profissão, enfim, da mesma forma que anteriormente eu já havia começado a trabalhar no *Carga Pesada* eu estava agora fazendo com *Malu Mulher*.

Chegamos à conclusão que Malu seria socióloga, profissão em voga na década de 70, que ela teria um marido, Pedro Henrique, do qual se separaria e o primeiro episódio teria necessariamente que ser o último encontro entre os dois, o acerto de contas final, a tentativa de continuar casados, mas que resultaria mesmo na separação, pois esta era a estória do seriado que estávamos escrevendo. Quem escreveu o primeiro episódio que, aliás, foi muito bom, foi Euclydes Marinho.

O seriado *Malu Mulher* fez muito sucesso, não apenas no Brasil, como também no exterior, na Europa e na América Latina. Eu, pessoalmente, sou testemunha deste sucesso em Cuba, pois estive lá pouco depois que o seriado tinha passado e Malu era tão importante para eles que eles faziam grupos de discussão e estudo sobre a situação da mulher descasada, da filha de casais separados, enfim, eles discutiam muito o programa *Malu Mulher* porque ele tinha uma proposta séria e consistente. Este programa trazia em seu bojo a proposta de um aprofundamento sobre a condição da mulher sozinha, bonita e jovem, que tem uma filha, Elisa, e que precisa sobreviver, criar essa filha. As questões eram: de que maneira educar sua filha; como ela, Malu, iria se relacionar com sua família e com a família do marido; como Malu e Elisa iriam encarar esta nova condição social; de que forma seu marido, Pedro Henrique, aceitaria a separação e o fato de Malu eventualmente ter um namorado.

Houve um episódio muito benfeito, o qual não lembro quem escreveu, onde o casal tem uma recaída, eles têm um reencontro depois de um tempo separados e há uma tentativa de reaproximação, o que é muito comum entre os casais, mas a relação não evolui. Um outro episódio do qual lembro bem e que foi muito interessante era sobre a primeira menstruação de Elisa. O programa apresentava uma nova forma daquela adolescente encarar a vida, uma passagem importante para ela e para a mãe. Eu tive um único episódio levado ao ar, mas escrevi quatro: um deles não estava bom, o segundo chegou a ser gravado, mas foi proibido pela censura e o terceiro não foi considerado interessante de ser levado ao ar pela própria TV Globo, não pela censura externa. Até hoje eu lamento muito este episódio não ter sido levado ao ar porque eu o considero muito bom. Nele eu tratava da tendência comum às donas de casa, mulheres que têm empregadas domésticas, de achar que a primeira suspeita é a empregada sempre que desaparece alguma coisa na casa. O programa era sobre isso e eu penso que a Rede Globo achou que não seria politicamente correto levar ao ar este tema e o programa foi gravado, mas não chegou a ser exibido.

O episódio escrito por mim que foi exibido tratava da questão relativa à velhice e era sobre a avó de Malu, papel este que foi feito por uma atriz portuguesa, Elza Gomes, que estava há muitos anos no Brasil e já fazia parte de nosso conjunto de atrizes. Ela era muito boa e fez uma velhinha caminhando para a esclerose. A avó começa a dar trabalho, a não ser mais benquista em nenhum lugar e Malu tenta se ocupar dela, recebê-la e ajudá-la, mas ela cria inúmeros problemas. A grande questão do programa é: será que se deve levar uma pessoa que está velhinha e esclerosada para um asilo de velhos? Ela deve ser afastada da família, ou a família deve se sacrificar e manter esta pessoa consigo? Esse episódio, que se chama

Muitos Anos de Vida, ficou realmente muito bom e tem sido repetido ao longo dos anos, sempre que se faz uma reapresentação de *Malu Mulher* ele é levado ao ar. Eu gosto muito dele e acho que foi uma das boas coisas que fiz na televisão.

Nosso trabalho no grupo que fez *Malu Mulher* não era simplesmente escrever um episódio, apesar de que havia alguns assinados por determinado autor e a gente tinha o crédito pessoal de cada episódio escrito e levado ao ar. Nosso trabalho era principalmente discutir o seriado como um todo em seus mínimos detalhes, as características dos personagens, de pensar na evolução de todos os personagens envolvidos na estória e imaginar como cada um deles reagiria em relação aos outros e nas diferentes circunstâncias por eles vividas, enfim aquele núcleo familiar, como que a família se comportaria. Tudo era discutido em conjunto o que fazia uma grande diferença. O elenco de atores era de primeira e os principais personagens eram: Malu, vivida por Regina Duarte; Pedro Henrique, seu marido era feito por Dennis Carvalho; a filha do casal,

Elisa, por Narjara Turetta; o pai de Malu, Gabriel Fonseca, por Antonio Petrin; Elza Fonseca, mãe de Malu, por Sônia Guedes. Narjara Turetta era muito boa como menina de 11 ou 12 anos, mas depois desapareceu da cena da teledramaturgia da TV Globo, apesar de uma boa atriz ela não conseguiu se tornar uma atriz global.

Eu creio que quando você tem uma equipe que trabalha bem em conjunto, que está harmonizada, funcionando legal, entre si, o resultado é sempre bom. O importante é deixar claro que em *Malu Mulher* o trabalho era de conjunto mesmo e o resultado foi único e surpreendente e eu me orgulho muito de ter feito parte deste grupo fantástico que realizou este seriado que é um marco na teledramaturgia brasileira.

Parece-me que o formato de seriado é muito agradável de se fazer, de se trabalhar nele e é muito bom de se assistir. Acho que é um formato que tem um resultado surpreendente, na maioria das vezes, portanto eu não entendo porque não se continua a insistir na produção de mais seriados.

Nos canais por assinatura a gente vê frequentemente vários tipos de seriados, por exemplo, tem um chamado *House*, que se passa em um hospital, que é o nome do médico que faz o papel principal. O Dr. Gregory House é uma pessoa boa, médico eficiente, mas um pouco complicado, então a trama gira em torno do seu caráter e coisas que ocorrem dentro do hospital envolvendo outros personagens. Outro seriado que eu gosto é *Monk*, uma estória policial, cujo protagonista é um excelente detetive, mas muito esquisito, neurótico, cheio de manias, tanto que ele vive praticamente com uma espécie de dama de companhia, uma moça que cuida dele e o mantém dentro dos limites da aproximação da humanidade. É curioso que as televisões por assinatura veiculadas aqui no Brasil não tentem fazer esse mesmo tipo de seriado com atores e estórias brasileiras. Na verdade, a explicação é simples, uma vez que é muito mais barato comprar os programas já feitos, em pacotes internacionais e dublá-los aqui do que produzir um novo programa. Seria muito bom se um canal como o *Futura* se propusesse a criar um seriado semelhante a estes, que são comprados

dos Estados Unidos, para que nós o criássemos com tema brasileiro, nossos costumes, nosso imaginário e nossa realidade, e assim também gerando emprego para profissionais brasileiros.

Em Cuba

Capítulo X

La Escuelita

Foi no princípio de 1988 que conheci Cuba e a *Escuela Internacional de Cine y Television* (EICTV), também chamada de *Escola dos Três Mundos*, localizada em San Antonio de Los Baños, pequena cidade situada à cerca de trinta quilômetros de Havana. Esta escola, única na América Latina, foi fundada por Gabriel Garcia Marques, *Gabo*, como é por lá carinhosamente chamado, em parceria com o governo cubano. A Escola, naquele tempo, era gratuita. O estado cubano havia feito a doação do terreno, muito amplo, da antiga Escola de Campo, uma espécie de pequena fazenda, com construções que permitiam o uso para moradia e salas de estudo, oficinas, cozinha, refeitório, etc. Tudo o que fosse necessário para abrigar alunos e professores e permitir o exercício docente, incluindo-se a produção de filmes e vídeos dos alunos. Um lugar tranquilo e agradável, embora distante de tudo o que se possa considerar urbano. A cidadezinha ficava a uns cinco quilômetros de distância e o ônibus, ou *guagua* na língua da terra, era o único meio de transporte.

Eu fui convidada a ministrar um curso de dois meses de duração, uma oficina de Dramaturgia na escola internacional, que preparava profissionais de Cinema, principalmente, e reunia gente de todo o mundo, entre cineastas, realizadores, roteiristas, professores e alunos. Ali passei os dois meses mais intensos da minha vida. A escola reunia professores das mais diversas origens, e alunos escolhidos entre os latino-americanos, africanos e asiáticos, sem distinção de raça, nacionalidade ou nível social. Tive um aluno paraguaio que só falava guarani, um hindu de turbante, uma filha de príncipe de Burkina-Fasso, na África, um sino-cubano, um equatoriano chamado Patrício, que gostava de desafiar ciclones, e um peruano chamado Polo que me reensinou a amar...

Eu aceitei o convite para ir a Cuba movida pela vontade de trabalhar com cinema, o que era para mim um desafio, mas também pela curiosidade que tinha em relação àquele país, a Ilha que simbolizava para mim, assim como para a grande maioria dos intelectuais da minha geração, um modelo de sociedade, uma esperança e um sonho.

Desde então e, portanto, há dezessete anos, tenho sido convidada para voltar à Ilha e à escola. Tenho dado aulas de dramaturgia no curso regular da *Escuela Internacional de Cine y Television* (EICTV), já organizei várias oficinas e participei de Diálogos de Estudos Avançados, assim como em atividades relativas a roteiros cinematográficos do *Sundance Institute*, organização fundada e mantida pelo ator Robert Redford. Várias vezes participei dos Festivais do Novo Cine Latino-Americano, inclusive como jurada; em 1998 fiz parte do Júri do Prêmio Casa de Las Américas; dei palestras na Universidade de La Habana e em outras escolas profissionais ligadas à televisão, ao cinema e ao teatro.

Enfim, já trabalhei muito em Cuba, mas também conheci muita gente, fiz amigos, deixei relações. Deu para conhecer bem o país, das mais altas esferas às camadas mais simples do povo cubano. Vou muito à Ilha, seja para trabalhar como para rever amigos e fruir da beleza natural das praias lindíssimas, do mar, daquele horizonte que parece infinito, do céu que é o mais bonito que já vi na vida. E lá vivi experiências únicas e gratificantes, principalmente na EICTV, em San Antonio de Los Baños.

A Escola tem uma vida diurna, quando os alunos assistem às aulas, realizam seus projetos, filmes, vídeos, orientados pelos professores, participam de palestras e encontros com convidados internacionais, trocam experiências com realizadores de outros países e convivem como numa grande família.

À noite a vida na Escola ganha novos contornos. Por um lado, sempre há um grupo de cubanos, professores, diretores e funcionários que se revezam montando guarda armada, para proteger a todos de *"algum ataque surpresa"*, talvez, apesar de que em todos os anos de vida da escola não se sabe de nenhum que tenha jamais acontecido.

Esta vigilância tem como objetivo resguardar a integridade física e moral dos professores e alunos residentes e convidados que vivem lá, o que não impede que a movimentação noturna seja intensa, fazendo jus à fama das noites cubanas, *"calientes e amorosas"*.

Semanalmente, às sextas-feiras à noite, após o jantar, nos dirigíamos à sala de projeção para ver a produção cinematográfica dos alunos. Em uma das minhas estadas na escola, que foram muitas, precisamente em 1990, um grupo de alunos resolveu realizar sua tarefa semanal registrando o que se passava nos quartos, camas e jardins dos apartamentos. Qual não foi nossa surpresa com o que foi revelado na tela grande, quando casais de supostos amigos foram surpreendidos transando, alguns trocando de camas e de parceiros, ou parceiras, mas, como em toda grande família, tudo terminou bem, em confraternização civilizada.

O trabalho que me dizia respeito e do qual não levei com bom humor, foi um vídeo realizado

Palestra em Cuba, 1995

por um grupo de alunos meus, cujo objetivo era documentar reações espontâneas de horror. Era sabido por todos o pavor que eu tinha e tenho de rãs, pererecas e derivados.

Os dormitórios são prédios de apartamentos de quatro andares e o meu apartamento, já ficava reservado no último andar para dificultar a entrada das pererecas que invadem o campus no final da tarde, mas mesmo assim elas conseguem chegar lá em cima e se instalam nos cantos, dentro dos vasos sanitários, nos

Crachá do festival

canos do chuveiro, em todo lugar. Meu vizinho era chamado frequentemente, aos gritos, para vir a meu apartamento matar, ou expulsar as malditas pererecas. Sabedores desta minha fraqueza, meus alunos me pediram para lhes conceder uma entrevista para o filme que estavam preparando e quando entrei no estúdio de gravação, eles atiraram em mim várias pererecas e filmaram meu horror e meu pânico. A direção da escola, na época tendo a frente minha grande amiga Marília Franco, como eu, professora da ECA, USP, puniu os alunos e mostrou o limite em que estas realizações devem ter.

Tínhamos a tradição de realizar a semana das nações, quando diferentes equipes, uma de cada país representado naquele período escolar, ficavam encarregadas de apresentar coisas características de seu povo. Começava com um almoço típico e ao longo do dia havia várias atividades artísticas, culturais, folclóricas. O difícil para nós, brasileiros, era encontrar os ingredientes necessários para fazer a feijoada tão esperada por todos. Haja criatividade culinária em um lugar onde a escassez era grande, mas por fim saía um feijão melhorado, com uma farofa de milho, com grapefruit no lugar da laranja e espinafre em vez de couve. Mesmo assim todo mundo comia muito e dizia que era um dos melhores almoços que tínhamos. A mim cabia fazer a sobremesa: doce de banana que aprendi com minha mãe e que só precisava de banana, açúcar e canela para ficar gostoso.

O dia brasileiro era um momento especial em que matávamos a saudade do Brasil, reavivávamos as lembranças de uma realidade muito, mas muito distante, porque em Cuba não tínhamos notícias

No Malecón, Havana, 1996

de nada do que se passava pelo mundo, que, diga-se de passagem, nas circunstâncias atuais não é uma grande desvantagem. O *Granma*, jornal oficial e único, de quatro páginas, assim como a televisão era estatal e só traz as notícias que passavam no crivo da censura do governo.

No Malecón, Havana, 1996

Outra forma de nos sentirmos mais perto da terrinha era acompanhando as telenovelas brasileiras, dubladas em espanhol, que faziam tanto sucesso. Era comum os cubanos nos pedirem para lhes contar o que iria acontecer, sabendo que a novela chegava lá depois de terminar no Brasil. As nossas telenovelas são tão famosas em Cuba que até as reuniões ministeriais do governo terminam antes da novela começar, ou são interrompidas e continuam depois que ela acaba.

O povo cubano é apaixonado por tudo o que diz respeito ao Brasil e tem-nos como seu ideal.

Imaginem vocês! Nós brasileiros somos tratados com muito afeto e consideração e todas as nossas manifestações artísticas são muito valorizadas. Uma evidência clara disso é o Festival Internacional de Cinema, que acontece em Havana, no início de dezembro. Normalmente, vários são os filmes brasileiros na competição e os cubanos torcem por suas próprias produções, é claro, mas igualmente pelas nossas.

A abertura do festival acontece no Teatro Karl Marx, que tem a capacidade para 5.000 espectadores e fica lotado. Entre os jurados que são apresentados formalmente durante a cerimônia de abertura sempre se encontram realizadores brasileiros que de alguma forma têm relação com Cuba. Nos quinze dias que se seguem, os filmes são apresentados em todas as salas de cinema da cidade, com palestras e eventos acontecendo concomitantemente, em bares, cafés, salas de exposições, na universidade, além de haver uma projeção pública noturna de alguns dos filmes, projetados na parede branca externa de um dos prédios centrais de Havana para uma multidão de espectadores.

Ao longo deste período, Havana respira cinema, astros circulam pela cidade, pelos restaurantes e bares, dando entrevistas, fazendo palestras, conversando

Dirigindo táxi em Santiago de Cuba, 1997

e debatendo. É uma festa indescritível que vale a pena ser vivida. Acredito que, em nenhum outro festival de cinema, os realizadores, escritores, roteiristas e astros brasileiros sejam tão prestigiados como no Festival Internacional de Cinema de Havana. O encerramento e a entrega dos prêmios acontece num estádio, com shows internacionais, em que mais uma vez nossos artistas, agora os músicos, são destaque, igualando-se aos músicos norte americanos na preferência do público.

Depois da solenidade de entrega do troféu, festas acontecem na cidade para todos os gostos e, na manhã seguinte, de volta ao Brasil, é comum encontrarmos no avião com os apaixonados por Cuba e por algum cubano, ou cubana, que viaja derramando lágrimas e suspiros de intensa saudade. São muitos os casos de brasileiros e brasileiras que ao chegarem aqui acham uma forma de mandar buscar estes grandes amores.

Várias coisas recordo com saudade, das que conheci em San Antonio de Los Baños. A primeira delas, a mais singela e humilde, na sua pureza primitiva, é o rolo de papel higiênico.

Eu sei, eu sei: almas grosseiras, ou até mesmo almas excessivamente sofisticadas, não compreenderão a importância que se possa atribuir a esse... produto?... conduto?

Sei lá. A verdade é que o papel é material raro na ilha, que não o produz em quantidade, por sua sorte, uma vez que as indústrias de papel são das mais poluidoras, mas também por azar seu. Papel, a gente sabe, a gente, os escritores, é matéria básica no nosso ofício, até mesmo hoje, tempo de computadores. Nada o desbancou. Em Cuba, ele falta e é precioso, seja o de carta, fino e delicado, como o de embrulho, simples e elementar. E, naturalmente, o papel higiênico, que deve ser importado.

Com certeza, naquele tempo, ele vinha de algum país socialista, suponho, porque seu envoltório não tinha marca ou nome. Nem isso era necessário, numa terra de economia diferente da nossa, neste país onde boa parte do preço de qualquer coisa sustenta, além do estado, as empresas de propaganda.

Mas isso é outra história. Dizia eu que o papel higiênico não tinha marca. Era um rolo, e pronto.

Mas, céus, que rolo! Bota rolo nisso! O papel higiênico de San Antonio a gente usava, usava,

Com Jorge Perugorria em Havana, 1995

usava..., e sempre tinha mais. Lembrei-me, mais de uma vez, dos rolos de papel higiênico da minha infância, no tempo do bonde e da vergonha na cara. Tempo de caderneta do empório, a gente ia lá e comprava e depois, no fim do mês, o pai da gente pagava e a gente sempre queria ir junto pra ganhar um chocolate. Bons tempos...

O papel, em San Antonio, era simples; nada de excessivas maciezas, de frescuras. Mas também não agressivo, hostil. A conta certa, a justa medida. Mas como tinha papel! O rolinho de cartão, sustentáculo de todo o conjunto era sempre do mesmo tamanho; era como os rolinhos antigos do Brasil, honestos, feitos para encaixar-se no respectivo receptáculo de madeira ou plástico dos conjuntos sanitários. Não sobrava espaço, como hoje sobra; tempos ruins os de hoje, tempos da dúzia de dez, das garrafas encolhidas, dos chocolates encurtados, dos sabonetes condensados...

Não. Era a conta justa para servir. Quanta vez, quanta vez, cansada de brincar, ficava a olhar pra tudo aquilo, a olhar... e o rolo não acabava. Tínhamos, lá em San Antonio, toda quarta-feira, reposição do material, tipo troca de roupa de cama suja, pedidos de pasta de dente, sabonete, sabão em pó... e papel higiênico. Mas era comovente ver como nos apegávamos, como ele ficava nosso amigo. Ninguém estava interessado, é claro, em fazer-nos gastar mais, trocar mais, comprar mais, mais, mais... Até a loucura!

Um sábado sim, outro não, era dia de rumba, em Havana, e nós aproveitávamos para ir até a capital fazer algumas compras e dançar com os animados cubanos. Algumas de nós, professoras e alunas da escola, nos animamos para ter um aventuroso fim de semana que já tinha início ao se tentar fazer funcionar o carro que eu dividia com um outro professor brasileiro.

Aquele carro seria uma delícia, diante da precariedade dos transportes públicos sempre lotados, com pessoas dependuradas nas portas, janelas e até no teto. Fazer funcionar a ignição com um abridor de latas não foi tão difícil, pois não havia chave de contato, embora existisse a fechadura correspondente. Para fazê-lo funcionar nós usávamos qualquer coisa pontuda e metálica, em geral uma chave de fenda. Também o carro não tinha freio de mão, nem nada em seu lugar, nem chave de nenhuma das portas. Os vidros não moviam, nem abriam nem fechavam, exceto o vidro do para-brisa da frente, que tinha começado a estilhaçar-se em qualquer choque antigo e seguia soltando pedacinhos. Nem o porta-luvas, nem o porta-malas tinham chaves ou qualquer modo de fechar-se, de modo que viviam abertos, ou amarrados com pedaços de fio elétrico encapados. A bateria não estava carregando, os pneus carecas e não havia estepe, aliás esse era um luxo em Cuba.

O motor do carro, em compensação, por alguma razão misteriosa, era ótimo. Quando se conseguia ligá-lo, com a chave de fenda, o abridor de latas, ou alguma faca velha, punha-se a funcionar com um ruído suave e continuado, e assim seguia enquanto tivesse gasolina, a qual freqüentemente era roubada por algum necessitado, pois o tanque não tinha tampa. Conseguimos meter o carro pela estrada que ia de San Antonio a Havana, passando pelo guarda da porta, que se recusou a examinar o conteúdo do porta-malas, como era seu dever, dado o estado lamentável da nossa viatura.

Assim fomos para mais uma aventura, pela estrada bordeada de coqueiros e de laranjais, procurando vencer a pequena distância com o mínimo de contratempos. A chegada em Havana, após tanto tempo no campo, mais precisamente no campus da Escola, era sempre uma festa e fomos nós para um almoço *"requintado"*, em um restaurante charmoso em *El Pátio*, depois de bem alimentadas estávamos prontas para a *"Tarde da Rumba"*. Conseguimos fazer o motor do carro funcionar com o abridor de latas e seguimos em frente, porém sem mais nem porque um policial acenou para que encostássemos o carro e assim o fizemos com receio de termos cometido algum deslize. Ficamos no carro, Rita ao volante, por mais de vinte minutos, a poucos metros do jovem policial que conversava tranquilamente com um motoqueiro. Bem, supomos nos havermos enganado e que o sinal não era para nós e sim para a moto e partimos. Mal cruzamos o semáforo e viramos à direita o policial veio atrás de nós com sirene e tudo, obrigou-nos a descer do veículo e nos deu ordem de prisão por desacato à autoridade. Quer dizer, por não termos ficado plantadas ali até que vossa senhoria se dignasse a falar conosco. Eu comecei a argumentar nossos motivos e pedi mil desculpas, mas a arrogância do jovem era tão grande que em vez de tentar dialogar ele começou a gritar conosco e eu fui ficando muito nervosa. Então a Rita contra-argumentou com ele, no mesmo tom de voz, ameaçando-o de ter que responder por aquele ato: ao levar-nos presas sem um motivo ele estaria criando um problema diplomático para o governo cubano, pois eu era uma autoridade brasileira a convite do governo cubano para ministrar cursos na Escola Internacional de Cine e TV. Acho que o policial se assustou ao ver que não estávamos nos deixando intimidar e nos liberou, enfim, sem dizer o porque de nos ter sinalizado pela primeira vez e de não ter vindo falar conosco naquele momento.

Chegamos à *Casa da Rumba*, um sobrado antigo de três andares que vibrava até o alicerce com o ritmo frenético e sensual da música caribenha. Em cada andar dançava-se um ritmo diferente que variava da rumba, ao mambo, salsa, merengue e mesmo um pouco de samba. Suados com o calor da tarde quente do fim da primavera e da energia vibrante do lugar, homens, mulheres, jovens, pessoas maduras e velhas, das mais diversas raças e cores se esbaldavam de alegria com o frenesi dos cubanos. Este era um dos raros lugares em Havana em que cubanos e estrangeiros se misturavam em um espaço público, pois era proibido aos cidadãos da terra conviverem com povos de outras nacionalidades em visita ao país. O rum cubano é divino e nós tomamos um pouco e até dividimos um delicioso charuto, esquecendo por completo o incidente anterior.

Ah! Em San Antonio não havia shopping center. E creio que, Deus mediante, ainda não há, mas em Havana havia as *tiendas* que vendiam em dólares produtos cubanos e importados, espécie de *free-shopping*, onde nós, estrangeiros adquiríamos os produtos que quiséssemos, em dólar, é claro. O nível de necessidade de bens de reposição do povo cubano é muito alto, simplesmente não há peças de reposição e os cubanos têm que se contentar com cotas mínimas de bens e produtos de primeira necessidade, como, por exemplo, shampu, sabonete, etc., comprados em locais determinados, em filas imensas, com as *tarjetas* oficiais, que somente lhes dão direito a um produto de cada vez. Então, nós, professores e alunos quando íamos às *tiendas* para adquirir coisas que nos faltava, sempre comprávamos alguns produtos a mais para presentearmos nossos amigos cubanos.

Uma curiosidade do fornecimento destas cotas é a regra estabelecida informalmente para as filas. Como, normalmente o cubano leva horas esperando em cada uma delas é de praxe que ao chegar pergunte-se: *"El ultimo?"*. Alguém dá a indicação da pessoa que está no fim da fila, você ocupa seu lugar e, a partir daí, pode se ausentar, vai a outro lugar, ou fila, faz o que tem que fazer, e ao voltar seu lugar está garantido, de modo peculiar, pois todo mundo também faz isso. Há filas para absolutamente tudo e elas acabam se tornando uma forma de socialização e local de atualização das mais recentes notícias oficiais e fofocas das vidas alheias.

As filas das peças de reposição são um pouco mais complicadas porque o cubano requer o produto, justifica a compra e espera meses, até anos, para chegar sua vez de adquirir o que necessita. Lembro de um grande amigo, dramaturgo e também professor da escola, que com muito bom humor nos contava de quando seu filho quebrou o vaso sanitário de seu apartamento e, depois de meses que a família fazia suas necessidades no buraco que restara no chão, sem conseguir pelos meios legais comprar uma nova privada, ele se viu obrigado a adquirir uma peça no mercado negro de vasos sanitários. O mesmo acontece com as peças de carros, pneus, eletrodomésticos, portas, janelas, *"lo que sea"*, pois o sistema de venda clandestina dos produtos de reposição no estoque oficial do governo é tão comum, que a vez daquele que se registrou e espera na fila para adquirir um produto nunca chega.

No entanto, foi maravilhoso passar mais de dois anos da minha vida em Cuba; juntando todos os meses do meu trabalho e do meu lazer, do meu temor e do meu amor, juntando Havana e Santiago, Varadero e Guamá dos jacarés (passava-se por Playa Girón, da invasão), juntando Matanzas que remonta ao assassínio dos índios, quase dizimados, ao Escambray e Santa Clara, foram mais de dois anos. Dois anos e mais comendo bem ou mal, bebendo o melhor rum do mundo, dançando e vendo dançar, cantando e ouvindo cantar. Vi de perto os verdadeiros velhinhos de Buena Vista, Omara Portuondo e Alina Sanchez, vi artistas hoje emigrados, conheci Pablito Milanês e sua *Yolanda* (Benett), Silvio Rodrigues e seu *Unicórnio Azul*, que emergia das águas do Ariguanabo, o rio de San Antonio de los Baños (a mesma da Escuelita).

Estive ao lado de Fidel e de seus comandados, amiga que sou da mãe de um deles, a escritora Íris Dávila. Ao lado, mas sem esquecer a crítica. Entrei no Palácio de la Revolución, mas também na casinha de Oria Rodriguez, *mãe de santo* (lá se chama *madrina*) e filha de Xangô. Foi maravilhoso passar um tempo da minha vida sem ver a propaganda oriunda do capitalismo, aquela que vende automóveis, cerveja e guaraná através da exibição do corpo da mulher desnuda. A mesma que, no intervalo dos programas infantis, só veicula anúncio de brinquedos de preço proibitivo, ou comida preparada, afrontando os mais pobres e estimulando a obesidade infantil.

Foi bom; vivi outro tipo de vida, conheci outra gente, outros pensamentos e tentativas, outras soluções. Fui professora, escritora, jurada, conferencista e amante. Fui valorizada e respeitada como artista e como mulher, por um coletivo de gente que tem uma casa sede digna de escritores, um lugar agradável de reuniões e ideias que são levadas em conta. O paraíso? Não. Mas tampouco o Inferno que nos querem fazer crer.

"Tudo o que eu poderia dizer de melhor está em meus livros – poesia, contos, romances, histórias infantis – no meu teatro, até nos textos que fiz para televisão. Isso chega, eu sei, a muito pouca gente. Que fazer? O escritor gostaria muito de ser lido por, apenas, todas as pessoas do mundo. É lido por alguns milhares, a grande maioria de nós. Por quê? Somos incapazes, o que temos a dizer não interessa? Somos de muitas maneiras, alguns escrevendo fácil, direto, comunicativo, outros querendo dizer coisas mais complexas,

mais difíceis até mesmo de escrever, quem dirá de ler? Se a escrita é honesta, começa por valer. Mas não pode ser concessiva, não pode querer ser hambúrger, coca-cola, chiclete. Às vezes tem que ser pescada no fundo da casca com um alfinete, de tão delicada e escondida. Fazer o quê?".

Renata Pallottini

(Entrevista publicada na revista *Caros Amigos*)

Com Menotti Del Picchia e a jornalista Maria Antonia recebendo o Prêmio Gazeta, 1953

Poesias de Renata Pallottini

"A poesia pode ser absolutamente inútil,
ou indispensável.
Se uma pessoa descobre que a poesia
pode lhe falar de coisas essenciais,
de uma forma nova e única, que ela pode
lhe dar um prazer especial,
abrir-lhe uma nova visão
de mundo e das pessoas,
que ela pode ajudá-lo a se entender melhor
e que expressa em palavras, às vezes,
aquilo que o próprio leitor queria ter dito
e não soube,
então a poesia é indispensável.
Do contrário ela é absolutamente inútil."

Com Norberto Nicola, Baile de Formatura da Faculdade de Direito, 1954

A Caminho de Santiago

(A Ana Arellano)

Muito antes de ti sonhei contigo.
Eras menor e menos
E te faltava o alento
Que depois encontrei nos cães
E nos momentos
Molhados de tuas chuvas singulares;
Que depois encontrei nos teus altares.

No meu sonho eras menos.
Tu não cabes nos sonhos
És pura realidade.

Tuas ruas no sonho
Eram muito simétricas
E tu não és assim, és
Um poema sem métrica
E ademais em latim vulgar
De Idade Média

Vulgar porque do povo e das mulheres
E das crianças inventando os teus dizeres

Vulgar porque das gárgulas diabólicas
Feitas para espantar o mal
Quando dormem tuas bruxas
Escapadas das bússolas fingidas
Latim vulgar
Porque começa a vida.
Em ti começam a vida e seus caminhos.
A cada ser o seu, de pisadas e santos.
Arremesso possante

De promessas
Juvenis desafios, tropeços de possessos
Abraço ao santo
tumba de passados.

No sonho tu nascias de ti mesma
Como nascem os trens das estações.

E havia grandes letreiros em tuas paredes
Que depois vi transformados em pedras
Porque todas as palavras dizem coisas
E há que saber que dizem
Para entender as coisas
Que estão dentro das pedras

E são gloriosas.
Mas o teu ser doía.
Propunhas ao meu ser uma partida,
Um jogo cego em que todos perdiam:
Logo ao entrar eu soube que sairia.
Logo ao entrar, que não serias minha.

Teus vinhos de beber, humildes vinhos,
Nas tardes de dormir tuas ruas vazias,
Todo teu corpo fiel de mulher das antigas
Tudo teu, ofegante nas ladeiras,
Tudo teu, próprio e mesmo proibido,
Nos feltros e nas lãs, no frio aberto ao peito
Tudo vedado a quem
Não ganhou
Teu respeito.

E o dia de partir, que se avizinha
A cada dia avisa:
O caminho é já findo.
Inútil é dizer
Que tudo
É lindo.

Com Norberto Nicola, 1985

Um Ator no Palco

Imagina o maior
aquilo que é o centro
magno, magnífico, imenso:
o essencial de um ser – olhos ou mente –
um ator ajoelhado
com todo o teatro dentro.

Faculdade de Direito do Largo de São Francisco, 1953

Vila Penteado

(A Antonio Cândido)

Toda a tristeza decepcionada
da velha casa art nouveau

Janelas altas e portas simples
que dão passagem ao que passou

E aquelas árvores que resistiram
à morte com todos os

amores idos, secretos gritos
escadas retas com seus desvãos

Tudo polido por um sentido
de tempo sólido.

Embora vão.

DE 21 a 31 de MAIO ÀS 21:00 HRS.
"OFICINA
DE
DRAMATURGIA"
COORDENADA PELA ESCRITORA
E TEATROLOGA PAULISTA
RENATA PALLOTTINI *

Ponte de Rialto,
Veneza, 1996

O Diamante

Para que o dimante
no oco do ouro
no longo do dedo?

Ultrapassa o diamante
a beleza do copo
de estanho?

Traz alegria ao homem
(ou à mulher amante)
mais que somente o amor
sem ornamentos?

Come-se o
diamante?
(– Sim, do que ele compra,
perdizes,ameixas,
queijos gordos, rãs...)

Porém ele próprio
escava o homem
minas de sangue...

enquanto ilumina
a miséria humana.

Sair de Sampa

Renunciar aos teus ruídos
à flor roxa dos teus mendigos
aos caos dos teus edifícios

Eu, poeta, que às vezes, ora,
ouso perseguir a glória
y dejar en la memoria
de los hombres mi canción

Eu que nasci na Frei Caneca,
em maternidade fresca
que hoje pretendem que pereça

Eu, de carcamanos ricos,
nem por isso menos tímidos
e às vezes mesmo malditos

que abro as janelas mais estranhas
e pontuo com minhas lágrimas
tua miragem, cidade,

que ardo em Paris sem esquecer-te
que luto por teu respeito
e ainda mamo no teu peito

Sei que sair é estar mais perto
encolhida sob o teu teto
de céu, de lata, de incerto

e volto sempre a ti, madrasta
dos filhos que pariste, astro
que a nossa vida tanges, monstro
final de todas as viagens.

Com John Lennon, Haana, 1998

Com Fernando Pessoa, Lisboa, 1998

Ando na Rua...

Ando na rua enquanto a tarde desce.

Não sou feliz
Mas em casa
Depressa
Vou fazer um café
A ver se esqueço.

Na rua tudo acontece.
Por exemplo, aqui mesmo, à minha frente,
Um homem se despiu e lentamente
Enlouquece.

Quem Nunca Andou de Bonde

Quem nunca andou de bonde
não sabe essa alegria elétrica do passeio
não virou a rua Direita em frente à Amarante
nem nunca tentou descer com o bonde andan-
do, mesmo sendo menina

Também não andou nunca
equilibrando-se nos trilhos
sonhando que eles levavam a algum lugar
misterioso
e que tudo seria diferente
quando se chegasse ao fim (que não havia)
dos trilhos do bonde

Quem nunca andou de bonde
não sabe que descer do lado errado
é perigo de vida
e que descer do lado certo não garante nada

Quem nunca andou de bonde é jovem e bonito
Mas não ouviu cantar o bonde
quando o seu motorneiro

batia o pé com força atrás do bloco de Aristeia
oh Carnavais, oh suco
dos canaviais...

No bonde o vento atravessa
as penas
todas

Mamãe pedia para eu ir no colo
Eram tempos difíceis
Vivê-los era fácil
(era infância)

O meu bonde cantava quando descia a Glória
Parecia uma avó quando pensa na gente
Era como ter pai
como não ser (ou ser) pingente

Era a glória
Mesmo quando ia pela Liberdade

Ou
talvez
por isso.

Soneto de Adeus

Hei de morrer em ti, nesse teu corpo estranho
Num espanto feroz, feito de febre e fúria,
Feliz pelo que tive, amante enquanto dure
A alta fonte do amor e seu limpo rebanho.

A tua alma assassina assistirá, contente,
A um sonho agonizante e por si só perdido
E, sonho do meu sonho, esse fim terá sido
Nada de verdadeiro, o falso de quem sente.

Morrerei nos teus olhos,
morrerei nas memórias
Do teu mundo cabal, cadafalso de histórias,
Rupturas, padrões, fábulas, ossos, chifres.

Sentirás o meu peso, isso que não sentiste
Senão como um olhar, talvez mau,
talvez triste.
Serei por fim em ti, para que me decifres.

da Profana Trupe, com deuses, 2005

Carta ao Senhor da Guerra
Senhor Imperador

(Inspirado em Boris Vian)

Senhor Imperador:
escrevo-lhe estas linhas
em nome das mulheres
– as pobres e as rainhas.

Em nome das manhãs
que nascerão sem paz;
em nome das crianças
que nascerão sem pais.

Senhor Imperador:
se é bom fazer a guerra
por que não vai você
o homem que não erra?

Se a pátria pede sangue
por que não dá o seu?
Por que matar o moço
que ainda não viveu?

Um Deus que não o seu
louvando a vida humana
virá pra nos salvar
da garra dos tiranos

dos amantes da morte,
dos senhores da Dor.
Terá fim o seu crime,
Senhor Imperador!

Os Loucos de Antes

Reler seus versos é cortar farrapos
é repetir as pedras, ver os muros
é ser cinzento e cruel mordendo os punhos.

As palavras soaram sempre inúteis
para esses loucos de antes. Murmuravam
montanhas e neblinas, tudo o mesmo.

Talvez algum momento fosse suave
algum ponto do corpo não doesse,
algum dia deixasse uma saudade.

Mas defender o filho era impossível.
Andar, talvez, até romper-se o nervo
até que a pele se fizesse nuvem.

Navegaram perdidos pela areia
desde a cilada a que chamaram vida.
Infantes, enganados à partida.

Capazes de um amor? O solitário,
tão vazia no crânio essa desgraça:
a camisa de força, feita em África.

Colunas

Prumo da vida
sustentáculo
rumo da vida
(linha lançada para o alto)
corpo de pedra que se abraça
árvore alva.

Minha ilusão me diz que cresces
criatura

a terra quente sob os teus pés deve ser fértil
impura
deves querer explodir para qualquer lado
porque essa enorme contenção
não é própria da arte
tua limpeza me provoca, me tortura
quero-te gorda, humana e não divina formo-
sura
tua brancura me golpeia até o âmago
lá onde não és mármore
e comigo pereces, feito carne.

Eu choraria tua velhice todos os dias
os assaltos, os saques, os soldados, os asnos
eu choraria
todos os dias e através dos dias
a natureza perecível da matéria
a natureza perecível, da minha alegria

(No teatro de pedra ao pé de uma coluna
depus as coisas que já não queria:
a usura, o tesouro
a luxúria, a cobiça.
Levei de volta só o vinho e a resina.)

Teatro de Renata Pallottini

Pivete

(peça em um ato)

Personagens :

Pivete – Garoto de rua, 13 anos, aparentando menos

Velho – Homem de 60 anos, feio

Noite de sexta-feira; baixos do elevado da Amaral Gurgel, o Minhocão*, na cidade de São Paulo. Faz calor, já é mais de meia-noite. Entra um homem de mais ou menos 60 anos; ele é um forasteiro, talvez um turista, um viajante, vestindo calça de brim com elástico na cintura, camisa esporte, de mangas compridas, colete desses de mil bolsos, sapatões, máquina fotográfica bem aparente. É um tipo meio ridículo e inofensivo. Pode ser que seja um homossexual velho, à procura de aventura, mas pode ser apenas um fotógrafo interessado no submundo.*

O Velho entra, pára e olha ao redor. Tudo parece deserto. Ele se sente seguro, e resolve urinar contra um dos pilares do elevado. Vira-se de costas, prepara-se e começa a urinar.

Surge de repente, vindo de qualquer lugar, um Pivete, moleque de 13 anos, mas muito miúdo, sujo, de calção, camiseta, sandália e gorro de lã, com um estilete na mão.

Pivete – Quieto aí, coroa! Se não te furo!

Velho *(Sempre urinando)* – Que foi?

Pivete – Isto é um assalto! Não se mexa! E vai passando a grana!

Velho *(Virando de frente, assustado, mas sem deixar de urinar)* – Como? O que?

(O resultado da manobra do velhote é que, de pinto pra fora, urinando sempre, e tendo se virado, movido pela surpresa, ele acaba urinando em cima do menino, que fica puto da vida, procura

se defender, se cobrir, esconder o rosto, e deixa cair o estilete)

Pivete – Para! Para com isso! Para de mijar em cima de mim! Para!

(O Velho tenta deter o fluxo de urina, mas não consegue)

Pivete – Que merda! Velho de merda! Pára de me mijar em cima! Tá me molhando todo! Velho sacana! Puto! Mijão! Para com isso, eu já falei!

(O Velho, afinal, consegue parar de urinar, detido pelo susto e pelos gritos. Confuso e dividido, não sabe se sacudir o membro, guardá-lo, enxugar o menino, sacar um lenço ou recolher o estilete. Começa por recompor-se, sempre acompanhado pelos insultos do menino, que procura se limpar sozinho)

Pivete – Veado! Velho boiola! Com essa bosta desse pinto de fora! Porco!

(O velho, afinal, saca do lenço e tenta limpar a cara do menino)

Velho – Pronto! Deixa eu te limpar!

Pivete – Sai daí com esse lenço cagado!

Velho – É só pra te limpar... tá limpo...

(Guarda o lenço sem jeito e só aí repara no estilete. Recolhe-o do chão, enquanto o menino esfrega os olhos, que ardem)

Pivete – Porra, meus olhos tá ardendo!

Velho *(com o estilete na mão)* – Que é isto?

Pivete *(ainda com os olhos tapados)* – O que?

Velho *(insistindo)* – Isto! *(Mostra o estilete)*

Pivete *(olhando o estilete pela primeira vez e dando uma de inocente)* – Sei lá...

Velho – Caiu da tua mão...

Pivete – Mentira.

Velho – Caiu. O quê que é?

Pivete – Vai me dizer que nunca viu?

Velho – Você queria... me matar?

Pivete – Não... só dar uma furadinha...

Velho – Por que?

Pivete – Ah, deixa de ser besta! Eu queria levantar uma grana! Pronto, agora me dá isso, que é meu, você mesmo disse!

(O Velho pondera, com o estilete na mão, olha-o, depois olha o menino. Agora, a situação está invertida. Ele empunha o estilete, apontado para o menino)

Velho – Pra que que você anda com isso?

Pivete – Adivinha.

Velho – Pra se defender?

Pivete – Pra me defender, pra defender o meu! Pra viver, homem!

Velho – Perigoso, isso ...

Pivete – Deixa de ser bundão. Parece cata-menino!

Velho – Que que é cata-menino?

Pivete – Esses caras do governo que pega a gente na rua e quer levar pra dar banho e encher o saco.

Velho – Você não vai com eles?

Pivete – Pra que? Pra ficar preso? Fazer cara de bonzinho e ficar vendo TV de babaca? Anda, me dá isso.

Velho *(balançando na mão o estilete)* – E se eu te matasse? Com isto!?

Pivete – Cumé?

Velho – E se eu te furasse, como você queria fazer comigo? Hem? Uma furadinha só, assim, bem dada, aqui debaixo... *(ameaça na barriga do menino).*

Pivete – Para com isso!

Velho – Eu podia, né?

Pivete – Tu não é macho pra isso!

(Velho agarra o menino pelo cangote, com força e encosta o estilete)

Velho – Não, mesmo?

Pivete – Eu posso sair correndo...

Velho – Então sai...

Pivete – Eu vou mesmo...

Velho – Então vai...

(O Pivete tenta se mexer, tenta liberar-se da ameaça, mas é como se não tivesse domínio sobre seus movimentos; ele está como que amarrado, com as mãos atadas, seguro. Ele está preso por cordéis, como se fosse uma grande marionete. Esses cordéis podem ser simulados, ou, realmente, algo pode surgir do alto, para prendê-lo. A ideia é fazer dele um boneco, movido por alguma força desconhecida, e sem domínio de si mesmo.)

Pivete – Não tou podendo... Não tou podendo me mexer.... Larga de mim! Larga de mim, velho boiola! Larga! Me deixa ir! Me deixa ir!!!! Me solta!

Velho – Não estou te segurando.

Pivete – Então alguém está.

Velho – Isso não é comigo.

(O Pivete se esforça para soltar-se mas está bem preso. O Velho se senta num resto de lixo qualquer, no chão e começa a limpar as unhas com o estilete)

Velho – Saiu de casa, é?

Pivete – Tem nada com isso, você?

Velho – Tenho. Podia ser seu pai. Ou seu avô.

Pivete – Mas não é. Me solta daqui, anda!

Velho – Não sou eu que estou te prendendo. Fugiu, é?

Pivete – Imagina se a gente precisa fugir. Fugir de que? Eles manda a gente pra rua!

Velho – Eles, quem?

Pivete – A velha.

Velho – Tua mãe?

Pivete – Mãe, não. Madrasta. Não tive mãe, sou filho de chocadeira.

Velho – Todo o mundo teve mãe.

Pivete – Mãe pra que?

Velho – Pra cuidar, limpar. Prá dar de mamar.

Pivete – Isso você gosta, né, velho sujo. Mamar.

Velho – Estou falando de mãe. De mamar leite. É bom. É quente, dá força e dá carinho.

Pivete – Sei. Agora conta aquela que você morre no fim.

Velho – E teu pai?

Pivete – Que é isso? Pobre lá tem pai? É um macho que tem lá em casa.

Velho – Será que a tua madrasta não te manda pra rua porque não tem dinheiro pra te sustentar?

Pivete – Eles diz que a gente já é marmanjo pra comer de graça.

Velho – E daí?

Pivete – Daí que nada. Me solta!

Velho – Fala! E daí?

Pivete – Daí que a gente vem pra rua, se vira e tem sempre uns caras que protege a gente.

Velho – Mas é porque eles querem dinheiro, não é? Dinheiro de vocês?

Pivete – Imagina se eu vou dar dinheiro pra homem! A grana é minha!

Velho – Mas acaba dando pra não apanhar.

Pivete – A grana é minha!!

Velho – Que você faz com ela?

Pivete – O que me dá nos cornos! Anda, me solta!

Velho – Não sou teu pai .

Pivete – É tira, então?

Velho – Não, por quê? Só teu pai ou tira é que podia te soltar?

Pivete – Me solta, vai, moço ...

Velho *(imitando)* – Moço, é?

Pivete – De onde é que você é, velho filha da puta?

Velho – Faz diferença?

Pivete – Faz. Se você é gringo, tem dólar, euro. Se é daqui mesmo...

Velho – Sou do interior.

Pivete – Casado?

Velho – Viúvo.

Pivete – Chato, né?

Velho – Que é que há, tá querendo me comover? Ficar com pena de mim? Cuido muito bem da minha vida sem mulher.

Pivete *(desconfiado)* – Chi... Mas sua cueca tá sujona ...

Velho *(chateado)* – Nem viu minha cueca.... Para com isso.

Pivete – Vai, tio, me solta pelo amor de Deus!

Velho – "Tio"? "Amor de Deus"? E você não ia me furar?

Pivete – Não ia não, era brincadeirinha!

Velho – Se solta, ué! Quem você acha que está te prendendo?

Pivete – Como é que eu vou saber?

(Faz força, tenta se desembaraçar, mas não consegue. Os laços invisíveis são muito apertados. Ao longe, ouve-se uma sirene de carro policial.)

Velho – E se a polícia vier aqui e te prender?

Pivete – Eu saio logo. Eu sou de menor. Eles me dão umas porradas, me levam pra uma casa muito da escrota, me dão um banho, me raspam o cabelo, me dão uma camiseta de eleição e depois me soltam na rua outra vez. Eles não tem lugar prá mim.

Velho – E a Febem?

Pivete – Nem fala nessa merda!

Velho – Periga de você ir pra lá...

(Moleque esperneia, bate os braços, tenta de todas as formas, mas não consegue)

Pivete – Vamos fazer um acordo...

Velho – Qual é?

Pivete – Você escolhe: ou eu te dou o rabo, ou eu te faço um boquete. Mas pra isso tem que me soltar antes.

Velho – Negativo. Como é que eu sei se você vai cumprir? Eu te solto e você ganha o mundo. Pensa que eu não conheço a tua raça?

Pausa

Pivete – Sabe por que a gente não melhora neste mundo? Porque tem gente que nem você. *(exagerando, melodramático)* Que não acredita num *(enfático)* menino que nem eu. Uma criança.

Velho – Ah, não. Ah, não! Não me faça rir! "Menino"! "Criança"! Que é que você pensa, moleque? Que eu te vou te pegar no colo e te dar beijinhos? Que eu vou te levar pra casa e te adotar?

Pivete – Podia, velho brocoió. Podia. Pelo menos eu te limpava a bunda, quando você ficar um pouco mais velho e se cagar todo.

Velho – Podendo antes me roubar tudo que eu tivesse em casa...

Pivete – Ou não. Podendo te ajudar a viver.

Velho – Podendo me furar de faca, com mais três merdosos que nem você.

Pivete – Tá vendo? Tá vendo? Não confia em ninguém. Podia até ter mulher, ter noiva, ter uma menina legal pra te cuidar, te fazer companhia. Mas não. O puto velho não confia em ninguém. Vai me solta daqui, velho, tem dó! Já passou da minha hora!

Velho – Hora? E você lá tem hora?

Pivete – Tenho. Tenho que entregar... a féria. E pegar o meu.

Velho – O que... Você não disse que não dá dinheiro pra homem?

Pivete – Eu tava exagerando um pouco...

Velho – Isso. Então, você é um otário daqueles que dá o dinheiro pra um macho qualquer? Que nem puta?

Pivete – Me respeita, velho brocha... Me respeita...

Velho – É ou não é?

Pivete *(depois de um minuto de hesitação)* – É... sou...

Velho *(ameaçando com a faca)* – Fala aí : "Eu sou uma puta" .

Pivete – Nem morto.

Velho *(cutucando-o)* – FALA!

Pivete *(puto da vida)* – Eu sou uma puta.

Velho – Eu não sou melhor que esses veados que andam por aqui, pelas esquinas!

Pivete *(esperneando e bracejando)* – Me solta! Me solta! Socorro! Socorro!

(Volta-se a ouvir a sirene da Polícia)

Velho – Cala a boca, bobão. Se os homens vierem aqui, vão sacar na hora que você estava querendo me assaltar.

Pivete – Vão ver que eu estou amarrado!

Velho – Amarrado? Onde? Por quem? Cadê as cordas!?

Pivete *(desesperado)* – Não sei!!!!

Velho – Aí que está. Você não sabe. Nem sabe... Toma. Pega esta faca. (Dá-lhe o estilete) Vai! Se solta!

(Pivete pega a faca e, a princípio sem convicção, tenta soltar-se)

Pivete – Onde é que eu corto?

Velho – Corta aí, nos braços... nas pernas...

(Pivete vai tentando e, pouco a pouco, vai se soltando, sem nem saber como. Vê-se solto, comple-

tamente, de repente. Estira os braços e as pernas, feliz. Anda de um lado para outro)

Pivete *(Radiante)* – Orra, meu! Tô solto, mano!

Velho – Pois é. Tá solto. Mas tão duro como antes. E sem saber nem quem te prendeu, nem quem te soltou.

Pivete – E daí? Tou cagando. Dinheiro a gente acha fácil. Por exemplo: vai passando o teu aí, velho boiola. E o relógio. E esse anel de bicha. Ah, e a máquina, também.

(Ameaça-o com o estilete, agora em seu poder)

Velho *(meio que levando na gozação)* – Nem morto.

Pivete – Me passa a grana, velho!

Velho – Só se você me der o rabo.

Pivete – Seja bobo não, velho veado! Eu agora tô com tudo em cima! *(Mostra a arma)*

Velho – Mas eu estou apostando que você está querendo dar o rabo. Que você dá por gosto. Que você gosta de dar. Acertei?

Pivete – Num brinca...

Velho – Estou apostando que você dava pra qualquer um, lá na Febem: guarda, instrutor, companheiro de cama... Estou apostando que você gozava gostoso... sem vaselina e com areia...

Pivete *(Aproximando-se, ameaçador)* – Cala essa boca, velho fedido... Mijão de merda...

Velho *(encontrando prazer na gozação)* – Estou apostando que você está de pau durinho, só de olhar pra mim e pensar... Imaginar... Só de cobiçar... Só de sonhar com o meu pau... Metendo gostoso em você... Hem? Metendo gostoso, firme e forte... E você gritando de tanto achar bom... De tanto gozar...

Pivete *(avançando, furioso)* – Velho puto! Aprende a me respeitar!

(Mete o estilete furiosamente no velho, uma, duas, três vezes, até que o homem caia, sangrando; o velho estremece e morre. O pivete olha-o sem acreditar. É a primeira vez que ele mata alguém. Não se conforma. Abaixa-se."

Pivete – Velho... velho bicha... velho... acorda... levanta...

(Sacode o Velho)

Pivete – Acorda, velho... volta... acorda, vá! Volta aqui... agora como é que eu fico... volta aqui, velho... (desesperando-se, abre a camisa do velho, tenta ver onde está a ferida, tenta conter o sangue, não consegue e se desespera cada vez mais). Volta aqui... volta aqui, velho puto! E agora, como é que eu fico? Não me deixa! Não me deixa!

(Põe o ouvido no peito do morto)

Pivete – Tá morto... Tá bem morto...Vai me deixar aqui sozinho? Eu não queria te matar, velho!

(Abraça o corpo do velho.. Ouve-se ao longe o som do carro de polícia.)

Pivete – Eu menti... eu tive mãe, sim... mas não me lembro dela... era muito pequeno...

(Ele se abaixa de novo e tira o relógio e o anel do homem, coloca-os no dedo e no pulso.. Pega a sua máquina fotográfica e a coloca a tiracolo. Volta a abraçar o corpo do homem.)

Pivete – Que merda, velho... que merda, tava até gostando de você... era até capaz de dar pra você...

(Abraça-o de novo, deita-se a seu lado, aninhando-se. Procura com a boca o mamilo do velho. Ajeita-se e começa a sugar com força. Ouve-se cada vez mais perto a sirene do carro de polícia)

Pivete *(sugando com força)* – Leite... quentinho... é bom... mãe... mãe...

Ouve-se música solene, lenta, pesada.

Fim

Texto Inédito de Teatro

Jupira Existe?

(Lanchonete de beira de estrada; duas mulheres, viajantes, deixaram o carro, jantaram e estão tomando café; dez horas da noite de Natal)

Luisa – Acho que não vai dar tempo da gente chegar a Jupira.

Gloria – Claro que dá. Está perto.

Luisa – Antes da Missa do Galo não dá, Glória.

Glória – É só a gente dar uma puxada.

Luísa – Por que a gente não dorme aqui e segue amanhã?

Gloria – Aqui? Neste motel de caminhoneiro? Ficou louca?

Luísa – Não é um motel. É uma pousada de beira de estrada. Limpa. Cada quarto é um quarto. É só entrar e dormir.

Gloria – Quero chegar a Jupira ainda hoje.

Luisa – Mas, por quê?

Gloria – Como, por quê? Porque é a minha cidade, com a minha casa, a empregada está esperando, o quarto pronto, as camas arrumadas, cheiro de capim! A praça da matriz, a matriz, as árvores, o casarão! Oito janelas para a rua, cinco quartos, sem contar o de papai e mamãe!

Luísa – Seus pais estão mortos, Glória!

Glória – Sem contar os quartos de tia Eunicinha e de Coroca, que ficam lá em cima!

Luísa – As duas estão mortas...

Glória – Não importa... Quero chegar hoje.

Luísa – Você está cansada de guiar...

Glória – Agora você guia.

Luísa – Eu também estou cansada.

Glória – Eu quero chegar hoje a Jupira. Você fala assim porque não conhece. A praça da matriz, à luz da lua... A casa de tio Anselmo... do ladinho, como se fosse parte da sacristia...

Luísa – Desculpe, mas você mesma disse que a casa de tio Anselmo foi demolida.

Glória – Eu disse?

Luísa – Disse.

Glória – Não importa. O que existiu sempre existe.

(Pausa. Tomam mais café)

Luísa – Glorinha, eu não quero ser chata, mas você precisa compreender... Aquela cidade, aquela gente... Tudo mudou! Hoje em dia, são outras pessoas que estão lá!

Glória – Quem não compreende é você. Eu sei. Mas você mesma quis ir à Europa e ver a cidade dos seus avós. Nós somos parte de Jupira, nós fizemos aquela terra, entendeu? Meu lugar é aquele!

Luísa – Pode ser, mas vai continuar a ser, amanhã, depois do café, com a estrada iluminada por um lindo sol de dia de Natal! Glória, seja razoável!

Glória *(Chamando o garçom)* – Moço! Ó moço! Quanto é que a gente deve?

 (Garçom chega trazendo um papel; Gloria paga)

Luísa – Está resolvida mesmo?

Glória – Vamos! Eu quero assistir à Missa do Galo em Jupira, minha cidade, que os meus bisavós fundaram!

(Tenta se levantar, mas fraqueja; Luísa a ajuda)

Luísa – Que foi, tontura?

Glória *(apoiando-se na mesa)* – Não sei... parece...

Luísa – Respira fundo...

Glória *(respirando)* – Não adianta muito... também... oitenta e três anos, Luisa...

Luísa – Setenta também é bastante... *(RI)*

(o garçon chega com o troco)

Garçom – Senhoras... o Padre Camilo, ali do lado *(indica)* está dizendo que ficaria muito feliz se as senhoras aceitassem o convite para assistir à Missa do Galo aqui em Parapuã... é aqui do lado mesmo... Ele está levando os convidados numa van...

Luísa – Que bom! Vamos, Glória?

Glória – Nem pensar!

Luísa – Vamos!

Glória – Mas amanhã, bem cedo, a gente vai pra Jupira?

Luísa – Amanhã, sem falta!

Garçom – Em Parapuã tem hotel...

Glória – Então vamos ...Feliz Natal, moço...

Garçom – Feliz Natal, donas... *(vão andando)* Desculpe... pra onde é que estão indo mesmo?

Glória – Jupira! Aqui perto!

Garçom *(cismado)* – Jupira... Não conheço...

(vão saindo os três, elas meio trôpegas, acompanhando o garçom)

Fim

Renata Pallottini: Obra

1950

Publicação dos seus primeiros poemas, nas revistas da Faculdade de Direito.

1952

Publica seu primeiro livro de poemas, *Acalanto*. Prêmio de poesia de A Gazeta, com o livro *O Cais da Serenidade*.

1956

Publicação de *O Cais da Serenidade*, pago com o dinheiro do prêmio.
Publicação de *O Monólogo Vivo*, ainda em edição de autor.
Ganha um prêmio de adaptação, pelo Teatro de Arena, com um trabalho sobre o conto de Guimarães Rosa, *Sarapalha*.

1957

Publicação, pela revista Diálogo, da adaptação de *Sarapalha* para teatro.

1958

Publicação de *A Casa*, edição do Clube de Poesia de São Paulo.

Nós, Portugal, primeiro livro editado fora do Brasil, em Tavira, Portugal.

Publicação, em Caracas, Venezuela, de uma *Antologia Poética*, primeira tradução de sua obra em espanhol, feita pelo uruguaio Hugo Emilio Pedemonte.

1959

Publicação, pela revista Ptisma, da peça em um ato *A Lâmpada*. Publicação, pela revista espanhola Papeles de Sons Annadans, de *Três Poemas*, traduzidos para o espanhol por Angel Crespo.

1960

Primeira montagem de *A Lâmpada*, em Campinas, com direção de Teresa Aguiar.

1961

Escreve a primeira versão de *O Crime da Cabra*, comédia. Publica a primeira edição do *Livro de Sonetos*.

Primeira encenação de *Sarapalha*, com direção de Alberto D'Aversa. Prêmio de poesia do Pen Clube do Brasil.
Primeiros textos encenados em televisão.

1962
Escreve e dirige, na Escola de Arte Dramática, *O Exercício da Justiça*, peça em um ato.

1963
Publicação, pela revista Academus, da peça experimental *Geminis*.

1964
Colaboração em um espetáculo conjunto, com a peça em um ato *Nu Para Vinicius*.

1965
Estreia profissional, em teatro, com a comédia *O Crime da Cabra*, direção de Carlos Murtinho, pela Companhia Nydia Lícia, com a qual ganhará os prêmios Molière e Governador do Estado.
Publicação do livro de poesia *A Faca e a Pedra*.

1967

Encenação de *O Crime da Cabra* em Portugal.

Prêmio Concurso de Teatro Amador, melhor texto.

1968

Publica uma *Antologia Poética*, no Rio.

Prêmio Anchieta de melhor texto teatral, com *O Escorpião de Numância.*

Chefia a delegação da Escola de Arte Dramática ao Festival de Teatro Universitário de Manizales, Colômbia. Aí se encena sua peça, criação sobre um personagem de Chico Buarque de Holanda, *Pedro Pedreiro*.

Faz a tradução de *Hair*, musical americano, direção de Ademar Guerra.

Prêmio *Melhor Tradução*, UCBEU, Rio.

1970

Estreia de *O Escorpião de Numância*, direção de José Rubens Siqueira.

Publica o volume *Pequeno Teatro*.

Publica a segunda edição do *Livro de Sonetos*.

Traduz *Tom Paine*, de Paul Foster, ainda com direção de Ademar Guerra.

1971

Publicação de *Os Arcos da Memória*.

Estreia a comédia *A História do Juiz*, direção de Eloy Araújo. Recebe a Medalha do Mérito da Câmara Municipal de São Paulo, e uma Homenagem Especial do Pen Clube do Brasil.

1972

Começo de produção continuada para a TV; redige, em colaboração, os textos do programa infantil *Vila Sésamo*, direção de Ademar Guerra.

Estreia de *João Guimarães*, peça teatral baseada em textos de Guimarães Rosa, dirigida por Teresa Aguiar, produção da Companhia Nydia Lícia.

Escreve a peça *Enquanto se Vai Morrer*... Submetida à Censura Federal, para posterior montagem pela ECA/USP, a peça é proibida.

1973

Publicação de *O Crime da Cabra*, na revista da Sociedade Brasileira de Autores Teatrais (SBAT).

Traduz *Mulheres a Bordo* e *Godspell*, musicais norte-americanos. Prêmio de melhor tradução da UCBEU por *Godspell*.

1974

Traduz *Lulu*, de Frank Wedekind.

Prêmio de Melhor Tradução da Associação Paulista de Críticos de Arte.

1975

Chefia a Delegação da Escola de Arte Dramática que participa do Festival de Teatro Estudantil de Palermo, Itália.

Publica *A História do Juiz*, comédia, SBAT.

Publica o livro de contos *Mate é a Cor da Viuvez*.

Primeiras incursões pela prosa, fora do teatro.

1976

Sai o livro *Coração Americano*, poesia, resultado de viagens pela América do Sul: Peru, Colômbia, Paraguai.

Escreve e encena, com direção de Fausto Fuser, *Serenata Cantada aos Companheiros*, consequência da produção e da proibição de *Enquanto se Vai Morrer...*

Escreve, com Carlos Queiroz Telles, a telenovela *O Julgamento*, TV Tupi, SP.

1977

Publicação da antologia *Chão de Palavras*.

Recebe o prêmio de Melhor Roteiro de TV, da APCA, por *O Julgamento*.

Participa de recitais de poesia, feitos na rua.

O diretor Zecarlos de Andrade monta a sua peça em um ato *Um Homem Vestido de Mulher*.

1978

Traduz *A Vida é Sonho*, de Calderón de la Barca, para encenação dirigida por Celso Nunes.

Publica o livro de poesia *Noite Afora*.

1979

Segunda edição de *Coração Americano*, vendida no Teatro Municipal de São Paulo, como parte de uma semana de atividades e de protesto contra a ditadura.

Participa do grupo de redatores do seriado *Malu Mulher*, TV Globo.

1980

Escreve a série *Cabaré Literário*, TV Cultura, com direção de Ademar Guerra.

Publica o livro *Cantar meu Povo*.

Traduz Divinas Palavras, de R. Valle-Inclán, para encenação de Iacov Hillel.

1981

Produz textos para as séries *Teleconto* e *Teleromance*, TV Cultura SP.

1982

Publica *Cerejas, meu Amor*, poesia. Tem encenado o texto teatral *Melodrama*, com direção de Annamaria Dias, SP.

Redige, com Wilson Aguiar Filho, toda a segunda parte da telenovela Os Imigrantes, TV Bandeirantes, num total de mais de 200 capítulos.

Defende tese de doutoramento na USP, com texto que engloba trabalho teórico de dramaturgia e a peça original *O País do Sol*. Começa aí a trilogia sobre imigração italiana, completa com *Colônia Cecília* e *Tarantella*.

1983

Publicação da *Introdução à Dramaturgia*, primeiro livro teórico sobre o assunto, parte de sua tese de doutoramento.

Trabalha como assessora de teatro, na Secretaria de Estado da Cultura.

1984

Participa do grupo de redação do seriado de TV *Joana*, produção independente. Primeira publicação de literatura infantil: *Tita, a poeta*.

A pedido de Ademar Guerra, escreve o texto de *Colônia Cecília*, peça teatral sobre uma colônia anarquista italiana do século passado. Espetáculo apresentado no Teatro Guaíra, de Curitiba. Segunda peça de trilogia italiana, iniciada em *O País do Sol.*

1985

Coletânea de textos latino-americanos que redunda no espetáculo *Ah!mérica*, com interpretação de Raul Cortez e direção de Odavlas Petti.

Traduz textos de Tchekov para o espetáculo *O Camaleão*, direção de Reynaldo Santiago.

Participa do grupo que fundará a Associação Paulista de Autores Teatrais. Torna-se sua primeira presidente.

Participa do Encontro de Escritores Brasileiros, em Lisboa; ministra curso sobre Teatro Brasileiro na Embaixada do Brasil em Roma.
Publica o livro *Ao Inventor das Aves*.
Publica *O Mistério do Esqueleto*, infantojuvenil.
Traduz um texto do autor venezuelano Isaac Chocrón: *Simón*, sobre a vida de Simón Bolívar, para espetáculo dirigido por Francisco Medeiros, mais um elo na cadeia das preocupações latino-americanas.

1986

Sai o texto do musical *Pedro Pedreiro*, na revista da SBAT.
Espetáculo, dirigido por Teresa Aguiar, sobre a vida e a obra do poeta García Lorca: *Caminho que Fazem o Barro e o Gmil até o Mar*.
Encenada sua tradução de *Topografia de um Desnudo*, do chileno Jorge Díaz, dirigido por Teresa Aguiar.
Leitura pública da peça *Tarantella*, terceira do ciclo italiano.

1987

Publica a peça *Colônia Cecília*.

Trabalha, como assessora cultural, na Secretaria de Estado do Interior, onde cria programas de interação entre a atividade teatral e a criança.

Recebe a Medalha do Mérito Literário, do Pen Clube do Brasil.

1988

Primeira viagem a Cuba, para dar aulas de dramaturgia na Escuela Internacional de Cine y TV (EICTV). A partir de então viajará para Cuba praticamente todos os anos, sempre dando aulas na EICTV.

Publica *Esse Vinho Vadio*, resultado da viagem à Itália e à Grécia, em 1985.

Encenação de *Rodinete*, comédia popular, dirigida por Elvira Gemil.

Sai, em Zurique, Suíça, antologia de contos eróticos *Tigerin und Leopard*, com um conto seu.

Publica *Praça Maiorca*, coletânea de poemas sobre a Espanha.

Segunda edição de *Introdução à Dramaturgia*.

Publica um livro de poesias para crianças: *Café com Leite.*

1989

Organiza um Seminário Latino-americano de Dramaturgia dedicado ao estudo de telenovela; convida, para isso, quatro especialistas cubanos, iniciando um contato entre Cuba e Brasil, dedicado a esse estudo.

Publica seu segundo livro de estudos teóricos: *Dramaturgia: Construção do Personagem*.

1991

Viaja a Cuba, para participar do II Seminário Latino-Americano de Dramaturgia, em Havana.

Sai a segunda edição de *Tigerin und Leopard*.

Viagem ao Peru, para dar um curso de Dramaturgia em Curso.

Publicação do texto em espanhol de *Introdução à Dramaturgia*.

Nova montagem de *A Vida é Sonho*, agora com direção de Gabriel Villela e protagonizada por Regina Duarte.

Publicação da tradução de *A Vida é Sonho*, SP. Inclusão de *Mulher Sentada na Areia*, conto de sua autoria, na antologia *Das Buch der Eifersuch* (*O Livro do Ciúme*), em Munique, Alemanha.

1993

Publicação de *Do Tamanho do Mundo*, livro infantil.

1994

Publicação do romance Nosotros.
Viagem à Alemanha, pela *Casa de Cultura do Mundo*, para divulgação de sua obra.

Índice

Créditos das fotografias

Todas as fotografias pertencentes ao acervo pessoal de Renata Pallottini.

A despeito dos esforços de pesquisa empreendidos pela Editora para identificar a autoria das fotos expostas nesta obra, parte delas não é de autoria conhecida de seus organizadores.
Agradecemos o envio ou comunicação de toda informação relativa à autoria e/ou a outros dados que porventura estejam incompletos, para que sejam devidamente creditados.

Coleção Aplauso

Série Cinema Brasil

Alain Fresnot – Um Cineasta sem Alma
Alain Fresnot

Agostinho Martins Pereira – Um Idealista
Máximo Barro

Alfredo Sternheim – Um Insólito Destino
Alfredo Sternheim

O Ano em Que Meus Pais Saíram de Férias
Roteiro de Cláudio Galperin, Bráulio Mantovani, Anna Muylaert e Cao Hamburger

Anselmo Duarte – O Homem da Palma de Ouro
Luiz Carlos Merten

Antonio Carlos da Fontoura – Espelho da Alma
Rodrigo Murat

Ary Fernandes – Sua Fascinante História
Antônio Leão da Silva Neto

O Bandido da Luz Vermelha
Roteiro de Rogério Sganzerla

Batismo de Sangue
Roteiro de Dani Patarra e Helvécio Ratton

Bens Confiscados
Roteiro comentado pelos seus autores Daniel Chaia e Carlos Reichenbach

Braz Chediak – Fragmentos de uma Vida
Sérgio Rodrigo Reis

Cabra-Cega
Roteiro de Di Moretti, comentado por Toni Venturi e Ricardo Kauffman

O Caçador de Diamantes
Roteiro de Vittorio Capellaro, comentado por Máximo Barro

Carlos Coimbra – Um Homem Raro
Luiz Carlos Merten

Carlos Reichenbach – O Cinema Como Razão de Viver
Marcelo Lyra

A Cartomante
Roteiro comentado por seu autor Wagner de Assis

Casa de Meninas
Romance original e roteiro de Inácio Araújo

O Caso dos Irmãos Naves
Roteiro de Jean-Claude Bernardet e Luis Sérgio Person

O Céu de Suely
Roteiro de Karim Aïnouz, Felipe Bragança e Maurício Zacharias

Chega de Saudade
Roteiro de Luiz Bolognesi

Cidade dos Homens
Roteiro de Elena Soárez

Como Fazer um Filme de Amor
Roteiro escrito e comentado por Luiz Moura e José Roberto Torero

O Contador de Histórias
Roteiro de Luiz Villaça, Mariana Veríssimo, Maurício Arruda e José Roberto Torero

Críticas de B.J. Duarte – Paixão, Polêmica e Generosidade
Luiz Antonio Souza Lima de Macedo

Críticas de Edmar Pereira – Razão e Sensibilidade
Org. Luiz Carlos Merten

Críticas de Jairo Ferreira – Críticas de invenção: Os Anos do São Paulo Shimbun
Org. Alessandro Gamo

Críticas de Luiz Geraldo de Miranda Leão – Analisando Cinema: Críticas de LG
Org. Aurora Miranda Leão

Críticas de Ruben Biáfora – A Coragem de Ser
Org. Carlos M. Motta e José Júlio Spiewak

De Passagem
Roteiro de Cláudio Yosida e Direção de Ricardo Elias

Desmundo
Roteiro de Alain Fresnot, Anna Muylaert e Sabina Anzuategui

Djalma Limongi Batista – Livre Pensador
Marcel Nadale

Dogma Feijoada: O Cinema Negro Brasileiro
Jeferson De

Dois Córregos
Roteiro de Carlos Reichenbach

A Dona da História
Roteiro de João Falcão, João Emanuel Carneiro e Daniel Filho

Os 12 Trabalhos
Roteiro de Cláudio Yosida e Ricardo Elias

Estômago
Roteiro de Lusa Silvestre, Marcos Jorge e Cláudia da Natividade

Feliz Natal
Roteiro de Selton Mello e Marcelo Vindicatto

Fernando Meirelles – Biografia Prematura
Maria do Rosário Caetano

Fim da Linha
Roteiro de Gustavo Steinberg e Guilherme Werneck; Storyboards de Fábio Moon e Gabriel Bá

Fome de Bola – Cinema e Futebol no Brasil
Luiz Zanin Oricchio

Francisco Ramalho Jr. – Éramos Apenas Paulistas
Celso Sabadin

Geraldo Moraes – O Cineasta do Interior
Klecius Henrique

Guilherme de Almeida Prado – Um Cineasta Cinéfilo
Luiz Zanin Oricchio

Helvécio Ratton – O Cinema Além das Montanhas
Pablo Villaça

O Homem que Virou Suco
Roteiro de João Batista de Andrade, organização de Ariane Abdallah e Newton Cannito

Ivan Cardoso – O Mestre do Terrir
Remier

João Batista de Andrade – Alguma Solidão e Muitas Histórias
Maria do Rosário Caetano

Jorge Bodanzky – O Homem com a Câmera
Carlos Alberto Mattos

José Antonio Garcia – Em Busca da Alma Feminina
Marcel Nadale

José Carlos Burle – Drama na Chanchada
Máximo Barro

Liberdade de Imprensa – O Cinema de Intervenção
Renata Fortes e João Batista de Andrade

Luiz Carlos Lacerda – Prazer & Cinema
Alfredo Sternheim

Maurice Capovilla – A Imagem Crítica
Carlos Alberto Mattos

Mauro Alice – Um Operário do Filme
Sheila Schvarzman

Máximo Barro – Talento e Altruísmo
Alfredo Sternheim

Miguel Borges – Um Lobisomem Sai da Sombra
Antônio Leão da Silva Neto

Não por Acaso
Roteiro de Philippe Barcinski, Fabiana Werneck Barcinski
e Eugênio Puppo

Narradores de Javé
Roteiro de Eliane Caffé e Luís Alberto de Abreu

Olhos Azuis
Argumento de José Joffily e Jorge Duran
Roteiro de Jorge Duran e Melanie Dimantas

Onde Andará Dulce Veiga
Roteiro de Guilherme de Almeida Prado

Orlando Senna – O Homem da Montanha
Hermes Leal

Pedro Jorge de Castro – O Calor da Tela
Rogério Menezes

Quanto Vale ou É por Quilo
Roteiro de Eduardo Benaim, Newton Cannito e Sergio Bianchi

Ricardo Pinto e Silva – Rir ou Chorar
Rodrigo Capella

Rodolfo Nanni – Um Realizador Persistente
Neusa Barbosa

Salve Geral
Roteiro de Sergio Rezende e Patrícia Andrade

O Signo da Cidade
Roteiro de Bruna Lombardi

Ugo Giorgetti – O Sonho Intacto
Rosane Pavam

Viva-Voz
Roteiro de Márcio Alemão

Vladimir Carvalho – Pedras na Lua e Pelejas no Planalto
Carlos Alberto Mattos

Vlado – 30 Anos Depois
Roteiro de João Batista de Andrade

Zuzu Angel
Roteiro de Marcos Bernstein e Sergio Rezende

Série Cinema

Bastidores – Um Outro Lado do Cinema
Elaine Guerini

Série Ciência & Tecnologia

Cinema Digital – Um Novo Começo?
Luiz Gonzaga Assis de Luca

A Hora do Cinema Digital – Democratização e Globalização do Audiovisual
Luiz Gonzaga Assis De Luca

Série Crônicas

Crônicas de Maria Lúcia Dahl – O Quebra-cabeças
Maria Lúcia Dahl

Série Dança

Rodrigo Pederneiras e o Grupo Corpo – Dança Universal
Sérgio Rodrigo Reis

Série Música

Maestro Diogo Pacheco – Um Maestro para Todos
Alfredo Sternheim

Rogério Duprat – Ecletismo Musical
Máximo Barro

Sérgio Ricardo – Canto Vadio
Eliana Pace

Wagner Tiso – Som, Imagem, Ação
Beatriz Coelho Silva

Série Teatro Brasil

Alcides Nogueira – Alma de Cetim
Tuna Dwek

Antenor Pimenta – Circo e Poesia
Danielle Pimenta

Cia de Teatro Os Satyros – Um Palco Visceral
Alberto Guzik

Críticas de Clóvis Garcia – A Crítica Como Ofício
Org. Carmelinda Guimarães

Críticas de Maria Lucia Candeias – Duas Tábuas e Uma Paixão
Org. José Simões de Almeida Júnior

Federico Garcia Lorca – Pequeno Poema Infinito
Antonio Gilberto e José Mauro Brant

Ilo Krugli – Poesia Rasgada
Ieda de Abreu

João Bethencourt – O Locatário da Comédia
Rodrigo Murat

José Renato – Energia Eterna
Hersch Basbaum

Leilah Assumpção – A Consciência da Mulher
Eliana Pace

Luís Alberto de Abreu – Até a Última Sílaba
Adélia Nicolete

Maurice Vaneau – Artista Múltiplo
Leila Corrêa

Teatro Brasileiro de Comédia – Eu Vivi o TBC
Nydia Licia

O Teatro de Abílio Pereira de Almeida
Abílio Pereira de Almeida

O Teatro de Aimar Labaki
Aimar Labaki

O Teatro de Alberto Guzik
Alberto Guzik

O Teatro de Antonio Rocco
Antonio Rocco

O Teatro de Cordel de Chico de Assis
Chico de Assis

O Teatro de Emílio Boechat
Emílio Boechat

O Teatro de Germano Pereira – Reescrevendo Clássicos
Germano Pereira

O Teatro de José Saffioti Filho
José Saffioti Filho

O Teatro de Alcides Nogueira – Trilogia: Ópera Joyce – Gertrude Stein, Alice Toklas & Pablo Picasso – Pólvora e Poesia
Alcides Nogueira

O Teatro de Ivam Cabral – Quatro textos para um teatro veloz: Faz de Conta que tem Sol lá Fora – Os Cantos de Maldoror – De Profundis – A Herança do Teatro
Ivam Cabral

O Teatro de Noemi Marinho: Fulaninha e Dona Coisa, Homeless, Cor de Chá, Plantonista Vilma
Noemi Marinho

Teatro de Revista em São Paulo – De Pernas para o Ar
Neyde Veneziano

O Teatro de Samir Yazbek: A Entrevista – O Fingidor – A Terra Prometida
Samir Yazbek

O Teatro de Sérgio Roveri
Sérgio Roveri

Teresa Aguiar e o Grupo Rotunda – Quatro Décadas em Cena
Ariane Porto

Série Perfil

Analy Alvarez – De Corpo e Alma
Nicolau Radamés Creti

Aracy Balabanian – Nunca Fui Anjo
Tania Carvalho

Arllete Montenegro – Fé, Amor e Emoção
Alfredo Sternheim

Ary Fontoura – Entre Rios e Janeiros
Rogério Menezes

Berta Zemel – A Alma das Pedras
Rodrigo Antunes Corrêa

Bete Mendes – O Cão e a Rosa
Rogério Menezes

Betty Faria – Rebelde por Natureza
Tania Carvalho

Carla Camurati – Luz Natural
Carlos Alberto Mattos

Cecil Thiré – Mestre do seu Ofício
Tania Carvalho

Celso Nunes – Sem Amarras
Eliana Rocha

Cleyde Yaconis – Dama Discreta
Vilmar Ledesma

David Cardoso – Persistência e Paixão
Alfredo Sternheim

Débora Duarte – Filha da Televisão
Laura Malin

Denise Del Vecchio – Memórias da Lua
Tuna Dwek

Elisabeth Hartmann – A Sarah dos Pampas
Reinaldo Braga

Emiliano Queiroz – Na Sobremesa da Vida
Maria Leticia

Emilio Di Biasi – O Tempo e a Vida de um Aprendiz
Erika Riedel

Etty Fraser – Virada Pra Lua
Vilmar Ledesma

Ewerton de Castro – Minha Vida na Arte: Memória e Poética
Reni Cardoso

Fernanda Montenegro – A Defesa do Mistério
Neusa Barbosa

Fernando Peixoto – Em Cena Aberta
Marília Balbi

Geórgia Gomide – Uma Atriz Brasileira
Eliana Pace

Gianfrancesco Guarnieri – Um Grito Solto no Ar
Sérgio Roveri

Glauco Mirko Laurelli – Um Artesão do Cinema
Maria Angela de Jesus

Ilka Soares – A Bela da Tela
Wagner de Assis

Irene Ravache – Caçadora de Emoções
Tania Carvalho

Irene Stefania – Arte e Psicoterapia
Germano Pereira

Isabel Ribeiro – Iluminada
Luis Sergio Lima e Silva

Isolda Cresta – Zozô Vulcão
Luis Sérgio Lima e Silva

Joana Fomm – Momento de Decisão
Vilmar Ledesma

John Herbert – Um Gentleman no Palco e na Vida
Neusa Barbosa

Jonas Bloch – O Ofício de uma Paixão
Nilu Lebert

Jorge Loredo – O Perigote do Brasil
Cláudio Fragata

José Dumont – Do Cordel às Telas
Klecius Henrique

Leonardo Villar – Garra e Paixão
Nydia Licia
Lília Cabral – Descobrindo Lília Cabral
Analu Ribeiro
Lolita Rodrigues – De Carne e Osso
Eliana Castro
Louise Cardoso – A Mulher do Barbosa
Vilmar Ledesma
Marcos Caruso – Um Obstinado
Eliana Rocha
Maria Adelaide Amaral – A Emoção Libertária
Tuna Dwek
Marisa Prado – A Estrela, O Mistério
Luiz Carlos Lisboa
Mauro Mendonça – Em Busca da Perfeição
Renato Sérgio
Miriam Mehler – Sensibilidade e Paixão
Vilmar Ledesma
Naum Alves de Souza: Imagem, Cena, Palavra
Alberto Guzik
Nicette Bruno e Paulo Goulart – Tudo em Família
Elaine Guerrini
Nívea Maria – Uma Atriz Real
Mauro Alencar e Eliana Pace
Niza de Castro Tank – Niza, Apesar das Outras
Sara Lopes
Paulo Betti – Na Carreira de um Sonhador
Teté Ribeiro
Paulo José – Memórias Substantivas
Tania Carvalho

Paulo Hesse – A Vida Fez de Mim um Livro e Eu Não Sei Ler
Eliana Pace

Pedro Paulo Rangel – O Samba e o Fado
Tania Carvalho

Regina Braga – Talento é um Aprendizado
Marta Góes

Reginaldo Faria – O Solo de Um Inquieto
Wagner de Assis

Renata Fronzi – Chorar de Rir
Wagner de Assis

Renato Borghi – Borghi em Revista
Élcio Nogueira Seixas

Renato Consorte – Contestador por Índole
Eliana Pace

Rolando Boldrin – Palco Brasil
Ieda de Abreu

Rosamaria Murtinho – Simples Magia
Tania Carvalho

Rubens de Falco – Um Internacional Ator Brasileiro
Nydia Licia

Ruth de Souza – Estrela Negra
Maria Ângela de Jesus

Sérgio Hingst – Um Ator de Cinema
Máximo Barro

Sérgio Viotti – O Cavalheiro das Artes
Nilu Lebert

Silnei Siqueira – A Palavra em Cena
Ieda de Abreu

Silvio de Abreu – Um Homem de Sorte
Vilmar Ledesma

Sônia Guedes – Chá das Cinco
Adélia Nicolete

Sonia Maria Dorce – A Queridinha do meu Bairro
Sonia Maria Dorce Armonia

Sonia Oiticica – Uma Atriz Rodriguiana?
Maria Thereza Vargas

Stênio Garcia – Força da Natureza
Wagner Assis

Suely Franco – A Alegria de Representar
Alfredo Sternheim

Tatiana Belinky – ... E Quem Quiser Que Conte Outra
Sérgio Roveri

Theresa Amayo – Ficção e Realidade
Theresa Amayo

Tony Ramos – No Tempo da Delicadeza
Tania Carvalho

Umberto Magnani – Um Rio de Memórias
Adélia Nicolete

Vera Holtz – O Gosto da Vera
Analu Ribeiro

Vera Nunes – Raro Talento
Eliana Pace

Walderez de Barros – Voz e Silêncios
Rogério Menezes

Walter George Durst – Doce Guerreiro
Nilu Lebert

Zezé Motta – Muito Prazer
Rodrigo Murat

Especial

Agildo Ribeiro – O Capitão do Riso
Wagner de Assis

Av. Paulista, 900 – a História da TV Gazeta
Elmo Francfort

Beatriz Segall – Além das Aparências
Nilu Lebert

Carlos Zara – Paixão em Quatro Atos
Tania Carvalho

Célia Helena – Uma Atriz Visceral
Nydia Licia

Charles Möeller e Claudio Botelho – Os Reis dos Musicais
Tania Carvalho

Cinema da Boca – Dicionário de Diretores
Alfredo Sternheim

Dina Sfat – Retratos de uma Guerreira
Antonio Gilberto

Eva Todor – O Teatro de Minha Vida
Maria Angela de Jesus

Eva Wilma – Arte e Vida
Edla van Steen

Gloria in Excelsior – Ascensão, Apogeu e Queda do Maior Sucesso da Televisão Brasileira
Álvaro Moya

Lembranças de Hollywood
Dulce Damasceno de Britto, organizado por Alfredo Sternheim

Maria Della Costa – Seu Teatro, Sua Vida
Warde Marx

Mazzaropi – Uma Antologia de Risos
Paulo Duarte

Ney Latorraca – Uma Celebração
Tania Carvalho

Odorico Paraguaçu: O Bem-amado de Dias Gomes – História de um Personagem Larapista e Maquiavelento
José Dias

Raul Cortez – Sem Medo de se Expor
Nydia Licia

Rede Manchete – Aconteceu, Virou História
Elmo Francfort

Sérgio Cardoso – Imagens de Sua Arte
Nydia Licia

Tônia Carrero – Movida pela Paixão
Tania Carvalho

TV Tupi – Uma Linda História de Amor
Vida Alves

Victor Berbara – O Homem das Mil Faces
Tania Carvalho

Walmor Chagas – Ensaio Aberto para Um Homem Indignado
Djalma Limongi Batista

Dados Internacionais de Catalogação na Publicação
Biblioteca da Imprensa Oficial do Estado de São Paulo

Guimarães, Rita Ribeiro
Renata Pallottini : cumprimenta e pede passagem / Rita Ribeiro Guimarães . – São Paulo : Imprensa Oficial do Estado de São Paulo, [2006].
278.: il. – (Coleção aplauso. Série teatro Brasil / coordenador geral Rubens Ewald Filho)

ISBN 85-7060-233-2 (obra completa) (Imprensa Oficial)
ISBN 85-7060-449-1 (Imprensa Oficial)

1. Crítica teatral 2. Teatro - História e crítica I. Ewald Filho, Rubens. II. Título. III. Série.

06-2261 CDD-809.2

Índices para catálogo sistemático:
1. Teatro : Literatura : História e crítica 809.2

Foi feito o depósito legal
Lei nº 10.994, de 14/12/2004

Impresso no Brasil / 2006
Reimpresso no Brasil / 2010

Imprensa Oficial do Estado de São Paulo
Rua da Mooca, 1921 Mooca
03103-902 São Paulo SP
www.imprensaoficial.com.br/livraria
livros@imprensaoficial.com.br
Grande São Paulo SAC 11 5013 5108 | 5109
Demais localidades 0800 0123 401

Coleção Aplauso Série Teatro Brasil

Coordenador Geral	Rubens Ewald Filho
Coordenador Operacional e Pesquisa Iconográfica	Marcelo Pestana
Projeto Gráfico	Carlos Cirne
Editor Assistente	Felipe Goulart
Editoração	Fátima Consales
Tratamento de Imagens	José Carlos da Silva

Formato: 12 x 18 cm

Tipologia: Frutiger

Papel miolo: Offset LD 90 g/m²

Papel capa: Triplex 250 g/m²

Número de páginas: 278

1ª reimpressão: março de 2009

Editoração, CTP, impressão e acabamento:
Imprensa Oficial do Estado de São Paulo

Nesta edição, respeitou-se o novo Acordo Ortográfico da Língua Portuguesa

imprensaoficial